直感に刺さる
プレゼンテーション

望月正吾
SHOGO MOCHIZUKI

技術評論社

はじめに

正しいことを言っても動いてくれない人の気持ちをどう動かすか

「喫煙者の肺がんの発生率は、非喫煙者の10～20倍になります。だからたばこをやめるべきです」
「糖分の取り過ぎで、世界で年間18万人もの人が病気を発症しています。だから糖分は控えるべきです」

どうですか、あなたはこの話を聞いて、禁煙したり、糖分を控えようとするでしょうか？

プレゼンテーションの目的は、聴き手に話の内容を理解してもらったうえで、実際に行動してもらうことです。ところが、人は理解しただけでは行動してくれません。「言っていることは正しいし、理解できるけれども、行動してくれない」ということは世の中にはたくさんあります。

私はおもちゃメーカーで企画・マーケティングの仕事をしてきましたが、おもちゃの世界では“カッコイイ”“おもしろい”“カワイイ”“たのしい”といった感情が商品評価のものさしでした。機能や価格が優れていても、「おもしろそう」「たのしそう」と感じてもらえなければ、おもちゃは買ってもらえないからです。

おもちゃ屋に勤めていた時代は、“おもしろい”“たのしい”を聴き手に感じてもらうためにどのようなアプローチをすべきかを考えてきました。「チョ～たのしい」とか「おもしろさ200％」という表現はありますが、どうも感情を客観的な数字に置き換えて伝えたり、論理的に説明することは難しそうです。その中で気がついたのは、「子どもたちが新製品でおもしろそうに遊んでいるシーン」や「キラキラとした目でキャラクターグッズを楽しそうに選んでいる子どものシーン」には聴き手は“おもしろい”“たのしい”を感じてくれるということでした。感情が表現されたビジュアルイメージには、感情を動かす力があるのです。

本書は、さまざまな試行錯誤を繰り返す中で、聴き手の感情を動かすために有効だとわかったビジュアルプレゼンテーションの原理やテクニックをまとめたものです。また、ストーリーづくりと話し方についても、「感情に訴える」という視点から解説しています。さらに、PowerPointでイメージを実現する方法までフォローしました。

本書があなたのプレゼンテーションの力を高める手助けになればうれしく思います。

目次

第3章
心を揺さぶるストーリーの組み立て方

第4章
印象を自在に操るスライドの秘密

第5章
人を動かす話し方のポイント

第6章
イメージを形にするPowerPointの使い方

付録

免責

・本書に記載された内容は、情報の提供のみを目的としています。本書を用いた運用は、必ずお客様自身の責任と判断によって行ってください。
・本書記載の情報は、刊行時のものを掲載していますので、ご利用時には変更されている場合もあります。
・ソフトウェアはバージョンアップされる場合があり、本書での説明とは機能内容や画面図などが異なってしまうこともあり得ます。

第1章

感情に訴えるための基本

- 人は理解しただけでは行動しない
- 「聴き手の階層構造」を理解しよう
- 図解は論理的、イメージは感情的
- 理解できないイメージは混乱を招くだけ
- 言葉とイメージをシンクロさせる

人は理解しただけでは行動しない

その銃どけてほしいって思っているの理解してくれる?
そんなことはわかっているわよ。

行動してもらわなければプレゼンは失敗

「君の言いたいことはわかったけど…」

「たしかにそのとおりだと思うけど……」

「アイディアはおもしろいと思うんだけれど……」

あなたは、プレゼンテーションが終了したあと、お客様や上司からこんな言葉を聞いたことがありませんか。

あなたから見たプレゼンテーションの目的は、「聴き手に話の内容を理解してもらったうえで、実際に行動してもらうこと」ですから、これでは失敗です。

なぜ、聴き手は
時間を割いてプレゼンを聞いてくれるのか

では、プレゼンテーションを成功させるには何が必要なのでしょうか。

そこで考えたいのが、「聴き手の視点から見たプレゼンテーションの目的」です。プレゼンテーションは話し手と聴き手が両方いないと成立しませんから、片方だけの目的を考えてもうまくいきません。

聴き手がわざわざ貴重な時間を割いてあなたのプレゼンテーションを聞いてくれるのは、

「自分にとってメリットのある話を聞きたい」

「自社のビジネスを成功に導く、良い提案を採用したい」

と思っているからです。聴き手の視点でプレゼンテーションの目的を考えると、「自分にメリットのある提案を選び、実行すること」になります。

プレゼンテーションの目的

話し手：聴き手に話の内容を理解してもらったうえで、実際に行動してもらうこと

聴き手：聴き手にとってメリットのある提案を選び、実行すること

「メリット」の例としては、以下のようなものが挙げられます。

聴き手のメリット

商品・サービス →生活が便利になったり楽しくなる！

新商品企画やプロジェクト提案 →会社の業績が上がる！

記者発表会 →必要な情報・優良な情報を届けられる！

「聴き手の階層構造」を理解しよう

「ゴールがどこか?」を意識する

プレゼンテーションを組み立てるときにまず最初に考えなければいけないことはなんでしょうか。それは、あなたが聴き手をどこに導こうとしているかという「ゴール」を決めることです。

プレゼンテーションの「ゴール」には、次ページに挙げた5つの段階があります。「雑音」や「認知」の階層レベルのままプレゼンテーションを続けるのは話し手と聴き手の双方にとって不幸なことです。せっかく作った企画提案書もプレゼンスライドも、そしてそれらの制作にかかった時間も、さらには聴き手の貴重な時間もムダにすることになります。それではもはや「プレゼンテーション」とは呼べません。

聴き手を行動に導くことが、プレゼンテーションのゴールです。ゴールを意識していなければ、聴き手をゴールまで導くことはできません。

ゴール

営業 →お客様からの発注をいただく

新商品企画やプロジェクト提案 →社内で予算や人材の確保ができる

記者発表会 →マスコミに記事を意図どおりに書いてもらう

聴き手をゴールまで導く

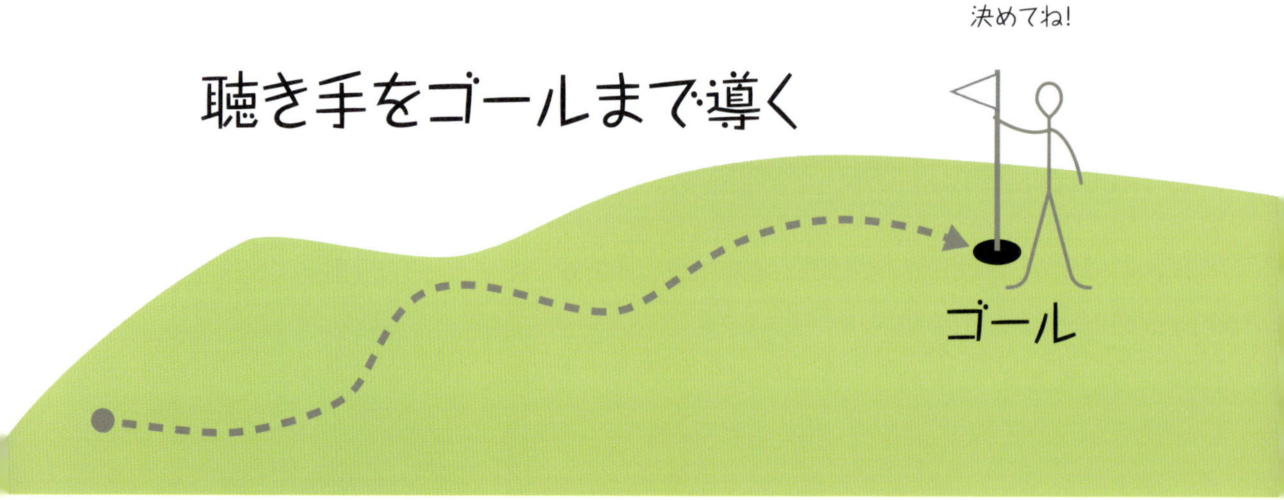

聴き手の階層構造

1．雑音：あなたが何の話をしているかわからない、気がつかない

2．認知：あなたが何の話をしているかわかっているが興味も関心もない

3．理解：あなたの提案の内容を理解している

4．共感：あなたの提案の内容を「自分も同じ想いだ」と思っている

5．行動：あなたの提案の内容を「やってみたい」と思い、意思決定する

プレゼンテーション聴き手の階層構造

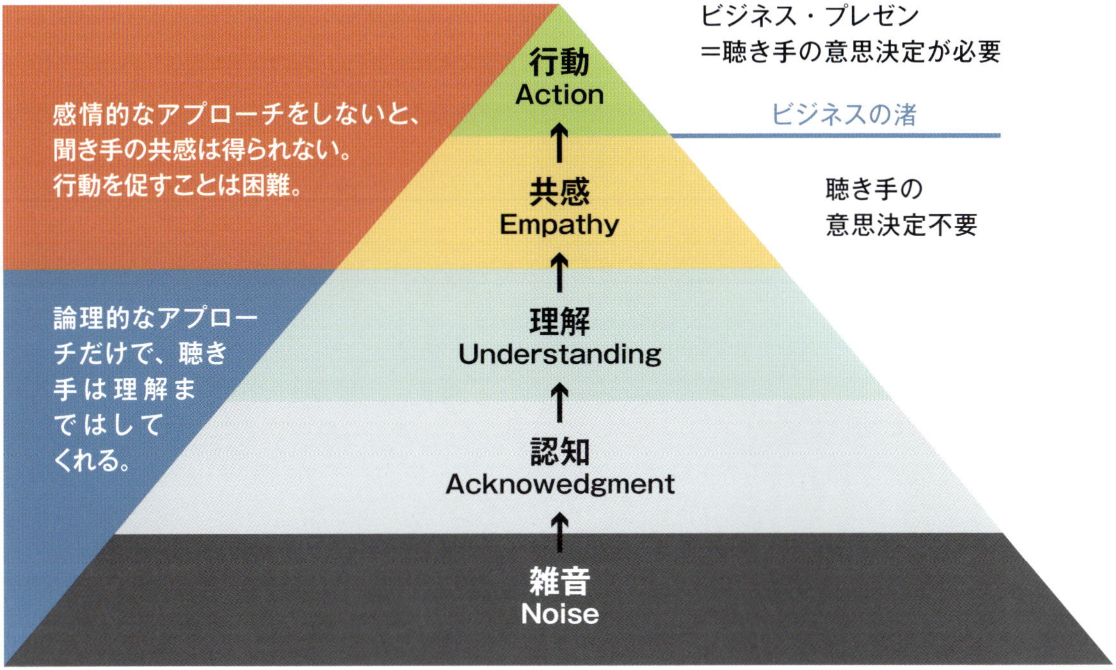
ビジネス・プレゼン
＝聴き手の意思決定が必要
行動
Action
ビジネスの渚
感情的なアプローチをしないと、
聞き手の共感は得られない。
行動を促すことは困難。
共感
Empathy
聴き手の
意思決定不要
論理的なアプロー
チだけで、聴き
手は理解ま
ではして
くれる。
理解
Understanding
認知
Acknowedgment
雑音
Noise

聴き手にアプローチする2つの方法

じつは、聴き手に対して「理解」までに有効なアプローチ方法と、「共感」以降に有効なアプローチ方法は違っています。

理解の階層までは、「提案内容をいかにわかりやすく伝えるか？」が重要で、有効なのは聴き手に理解を促す＜論理的なアプローチ＞をすることです。ところが､「理解」から「共感」や「行動」の階層に至るには＜論理的なアプローチ＞ではあまり効果は期待できません。聴き手に共感してもらうにも、行動してもらうにも、聴き手に対して＜感情的なアプローチ＞をすることが有効です。

よく論理 vs. 感情（あるいは理性 vs. 感情）といわれることがありますが、プレゼンテーションにおいては両者は対立するものではありません。ただ、役割がそれぞれ違います。プレゼンテーションは論理的であることが大前提ですが、論理的であるだけでもダメなのです。

感情的なアプローチの3つの方法

自信満々で臨んだプレゼンテーションが失敗する理由の多くは、この感情的なアプローチが不足していることにあります。論理的なアプローチが得意な人ほど、感情的なアプローチについては無頓着です。論理が破綻していることには気づけても、感情が足りないことにはなかなか思い至りません。そこで本書では、一部を省き、論理的なアプローチについては類書に譲り、感情的なアプローチにフォーカスしています。

本書で説明する感情的なアプローチ方法には、以下の3つがあります。

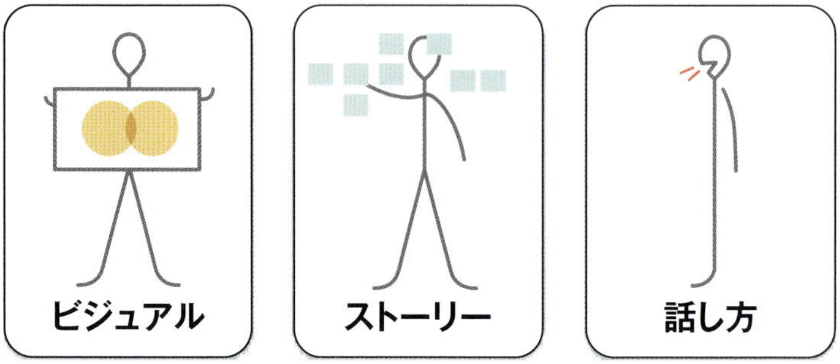

特にビジュアルに関しては2章分を割いて解説していきます。

・ビジュアルで感情に訴える（第2章、第3章）
・ストーリーで感情に訴える（第4章）
・話し方で感情に訴える（第5章）

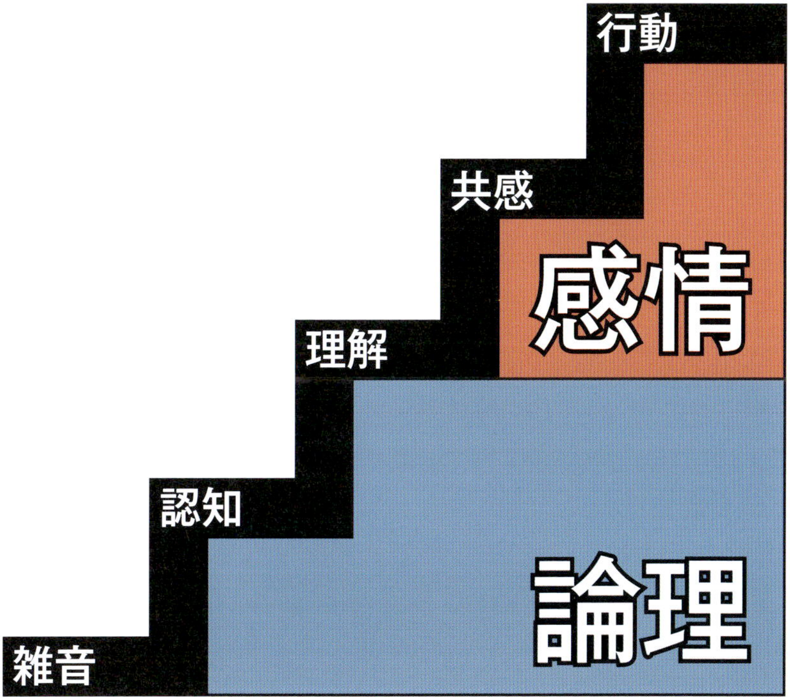

図解は論理的、イメージは感情的

図解では感情は動かせない

　一般的にビジュアル（視覚情報）というと「図解」という言葉を思い浮かべる人が多いでしょう。最近では図解に関する書籍もたくさん出版されるようになり、プレゼンテーションのスライドには図解が普通に使われています。

　ところが、図解はビジュアルにまちがいありませんが、図解では聴き手の感情を動かすことはできません。なぜなら、プレゼンテーションで頻繁に使われる、表、グラフ、マップ、チャート、解説図などの図解は、そもそもメッセージをわかりやすく伝えるための視覚情報として機能しているからです。図解はあくまでも論理的な存在なのです。

　一方、感情を伝えるのが得意なのが写真です。人は笑顔の子供の写真を見れば「カワイイ」と感じますし、暗くてうら寂しい場所の一軒家の写真をみれば「怖い！」と感じます。聴き手の感情を動かすのに写真や動画を活用することは、非常に効果が高いのです。

ビジュアルを
「図解」と「イメージ」に分けて見なおそう

　プレゼンテーションでは、図解や写真以外にも、イラストや図形などさまざまなビジュアルを扱います。本書では、論理的アプローチをするビジュアルを「図解」、感情的アプローチをするビジュアルを「イメージ」と呼び、2つに大きく分けます。さらに、伝えたいメッセージをビジュアル化することをそれぞれ「図解化」「イメージ化」と呼ぶことにします。

　次のページに、「図解」と「イメージ」を種類分けしてあります。あなたのプレゼンテーションのスライドを見直してみてください。「図解」ばかりで構成されているスライドは、楽しくもおもしろくもありません。「イメージ」を活用することで、プレゼンテーションはいきいきとしたものになります。

図解＝わかりやすく説明する機能
→論理的アプローチをするビジュアル

イメージ＝感情を動かす機能
→感情的アプローチをするビジュアル

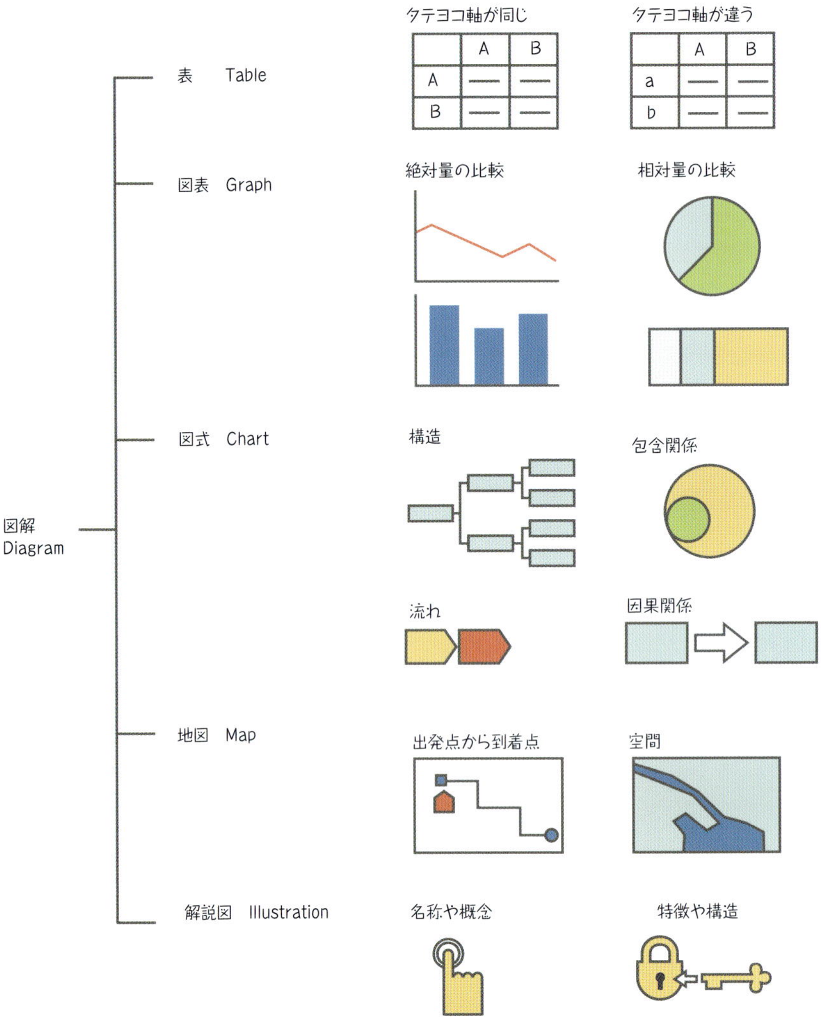

『図解発想法　―知的ダイアグラムの技術』（西岡文彦 著／JICC出版局 刊）を元にプレゼンテーション用に改変）

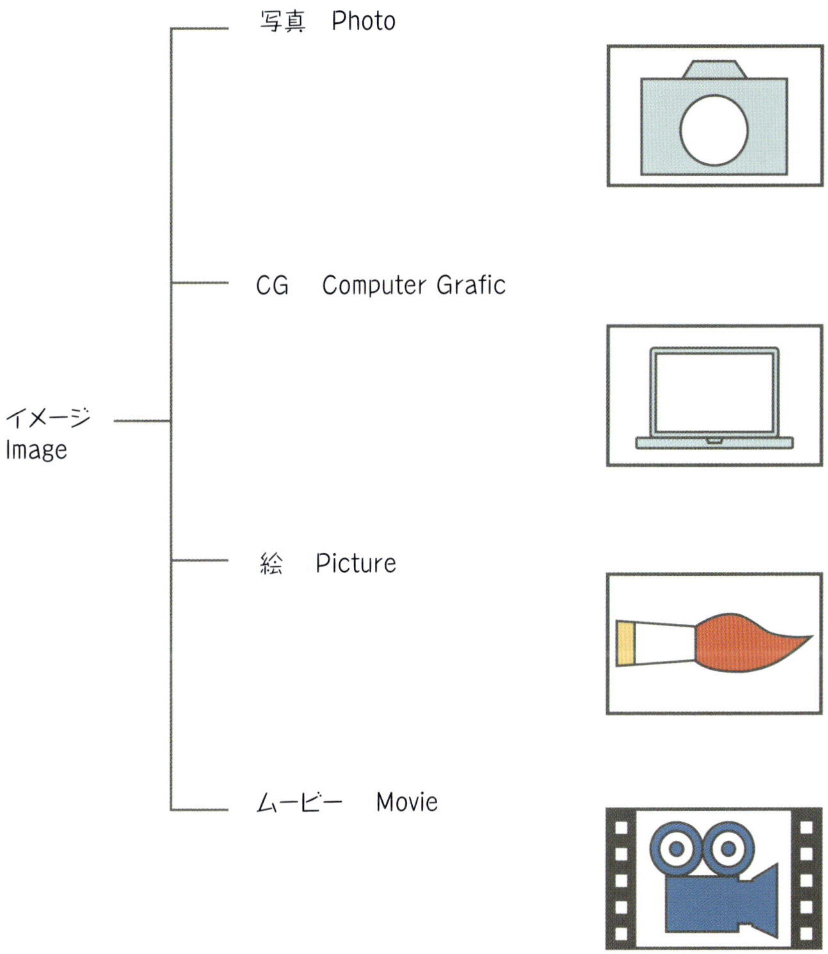
イメージ
Image
写真　Photo
CG　Computer Grafic
絵　Picture
ムービー　Movie

イメージは数字よりもインパクトがある

「糖分の取り過ぎで、世界で年間18万人もの人が病気を発症しています。だから糖分は控えるべきです」

これは「はじめに」でお話しした、ダイエットを促すメッセージです。
わかっているけれど、言葉や数字だけではなかなか甘いものをやめられません。

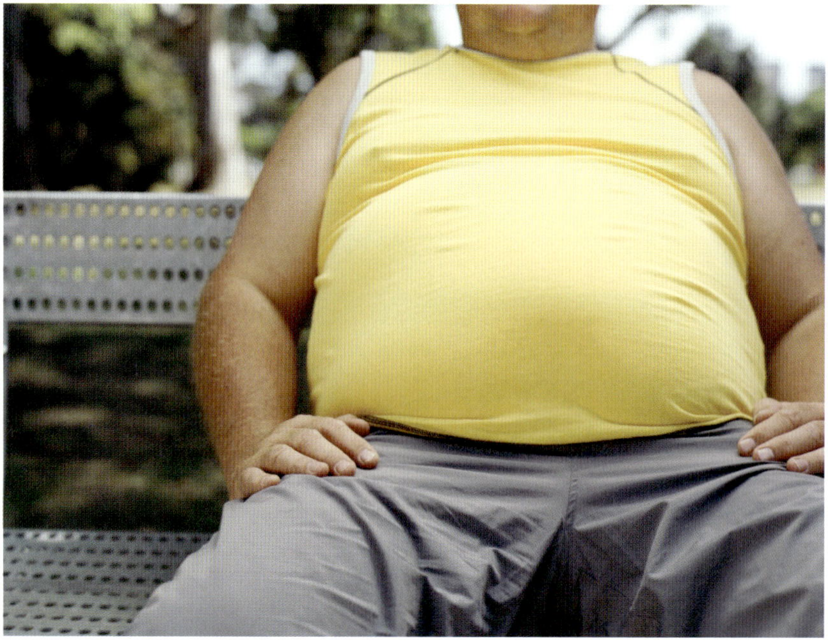

糖分の量をイメージ化しているSugar Stacks（http://www.sugarstacks.com）というサイトがあります。これを見ると、数字で示されるよりもインパクトがあり、糖分を控えようかという気持ちにさせられます。

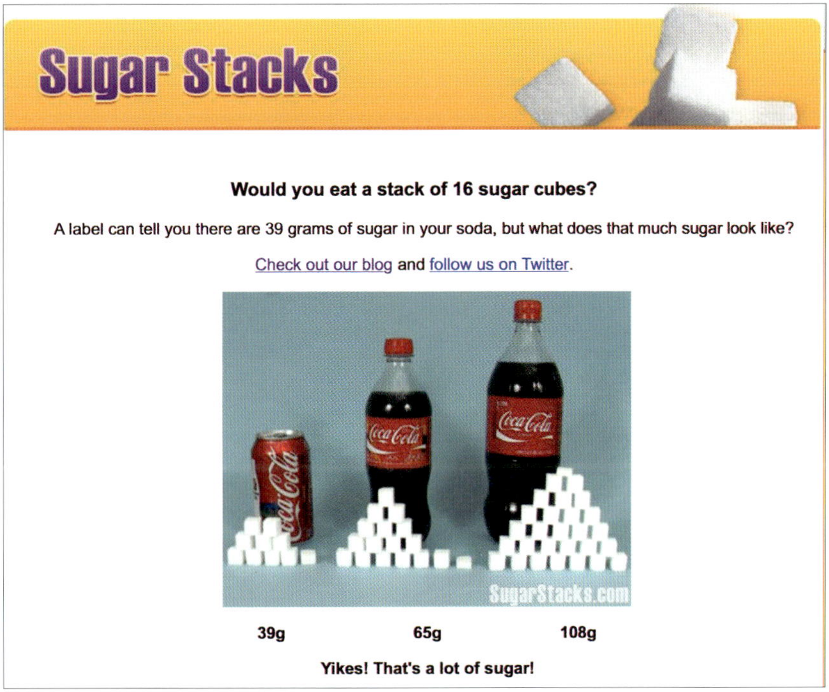

理解できないイメージは混乱を招くだけ

聴き手が知らないことは伝わらない

イメージには感情に訴える強い力があるとはいえ、正しく使わないと効果を発揮することはできません。たとえば、プレゼンテーションで知らない業界用語やカタカナ言葉を連発されて、うんざりしたことはありませんか。同じように、聴き手が理解できないイメージを使っても、混乱を招くだけです。聴き手が知らないことが伝わらないのは、言葉もイメージも同じなのです。

聴き手と同じ感情を共有できるか確認しよう

「ウソ」は ばれるものです。

感情にアプローチするイメージ化には、図解化のように「こういう時は、この図解」というパターンが決まっていません。そのため、常に聴き手と同じ感情を共有できるのかを確認する必要があります。

たとえば、「ピノキオ」の話はだれもが知っている物語の1つです。ピノキオは、嘘をつくと鼻がのびてしまいます。上記の画像を見た人は「鼻がのびた人＝ウソをついた人」と連想することができます。

言葉とイメージをシンクロさせる

イメージは言葉のサポーター

あなたは小学生のときに、図工の課題で交通安全や火災予防のポスターを書いたことがあるはずです。図工の課題なので、当然絵を描くのですが、本来ポスターとして大事なのは「ポスターを見た人へのメッセージ＝言葉」です。

「飛び出すな　クルマは急に　止まれない」
「消したはず、決めつけないでもう一度」

といったメッセージ＝言葉を伝えて、行動してもらうのが、ポスターの目的です。

絵がどんなに上手でも、メッセージ＝言葉が届かなければ、ポスターとしては失格です。イメージは言葉をサポートし、共感を生み出し、行動を促すサポーターなのです。

言葉は一義的であれ

プレゼンテーションでは、あなたのメッセージ＝言葉が最も大事なコンテンツです。スライドに表現されたイメージは、あなたの言葉をサポートするのが役目です。

「イメージ」というものは、見る人の解釈によって捉える意味が変わってしまうという、多義的な存在です。だからこそ、あなたのメッセージ＝言葉は一義的である必要があります。

多義的なメッセージの例

このやり方は、ベンチャー企業的経営です。 →これだけでは、良い意味で言っているのか、悪い意味で言っているのかわかりません。ベンチャーを大企業にしても同じです。

一義的なメッセージの例

このやり方は、ベンチャー企業的な、スピード重視の経営です。 →このように言えば、通常は良い意味ととらえます。

ポスターのようなスライドをつくろう

街にあふれるポスターや雑誌広告などは、感情に訴えるスライドのお手本です。書かれたメッセージ＝言葉とイメージがシンクロした時、その効果は最高に高まります。あなたもそのようなポスターに出会ったことがあるのではないでしょうか。私は、そのようなポスターを見つけた時は、写真を撮って、のちのちスライドの参考にしています。

極秘情報

Problem

第2章

脳が喜ぶ ビジュアル表現 7つの原則

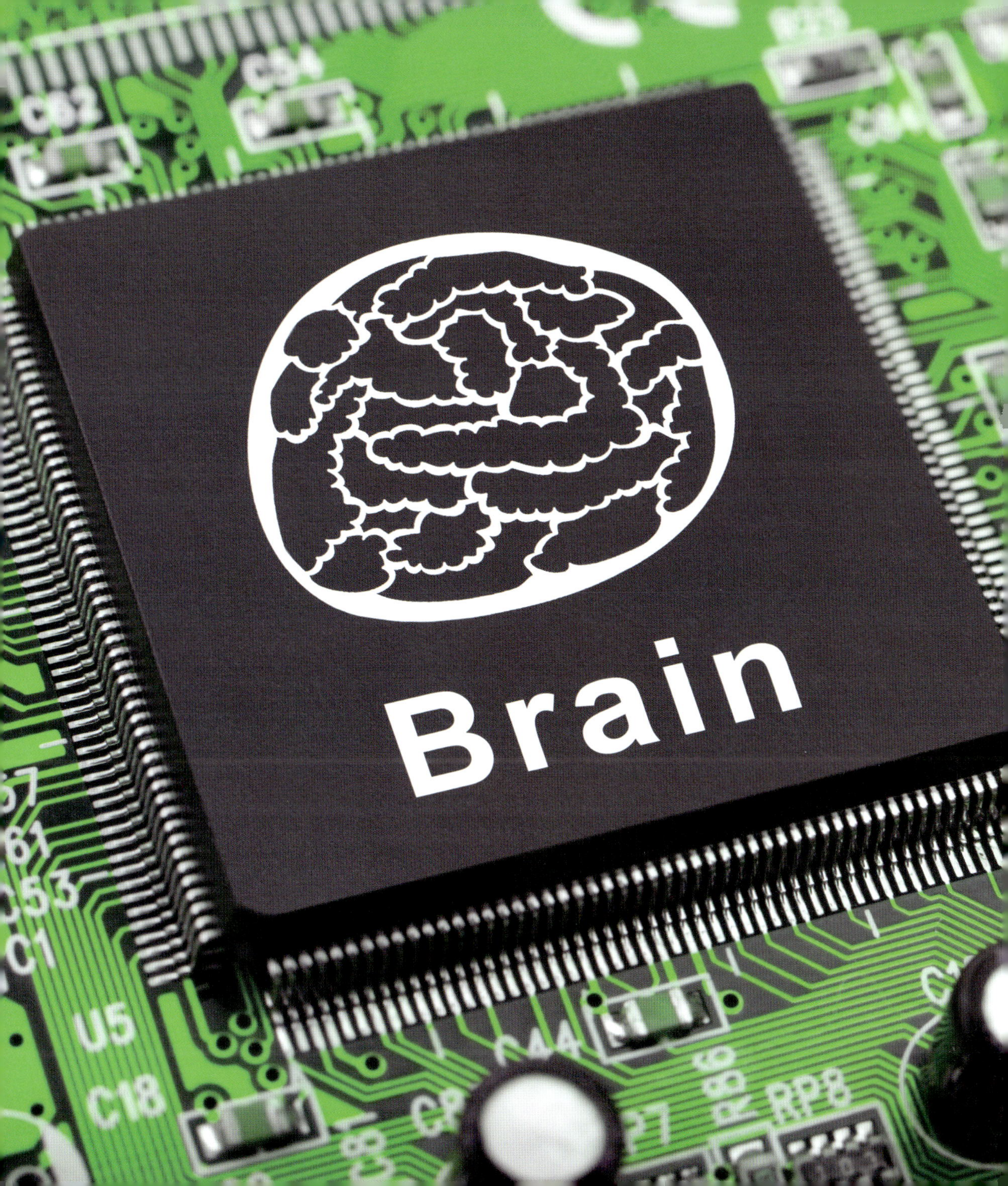
Brain
C82
C54
U5
C18
C44
RP8

脳が喜ぶように表現しよう

人は目ではなく脳でモノを見ている

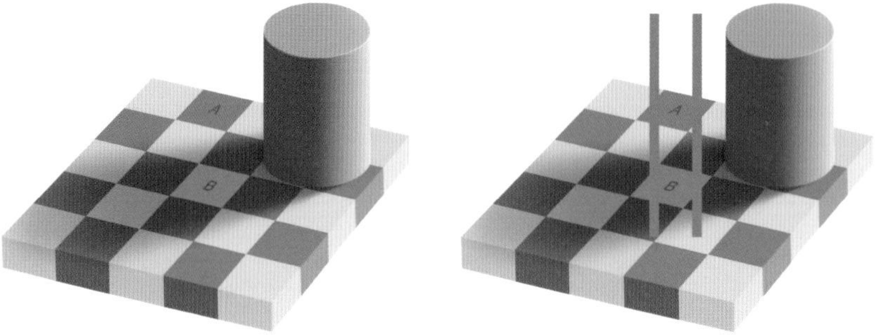

Adelsonのチェッカーシャドー錯視
(http://upload.wikimedia.org/wikipedia/commons/6/60/Grey_square_optical_illusion.PNG　より)

上のチェッカーボードの図を見てください。左の図を見ると、チェッカーボード上の【A】の部分と【B】の部分はどうみても違う色で、【A】より【B】のほうが薄く見えるでしょう。

ところが、右の図のようにして見るとどうでしょう、実際は同じ色なのです。これは「Adelsonのチェッカーシャドー錯視」と言って、マサチューセッツ工科大学のEdward H. Adelson教授が発表した錯視です。

あなたの目は、カメラと同じようにきちんと色をとらえているのに、まわりの状況によって脳が勝手に調整を行っています。そのために【A】と【B】は違う色に見えます。人は目ではなく脳でモノを見ているのです。

プレゼンテーションでビジュアル＝視覚情報を効果的に活用するにはいくつかのルールがあります。ひとことで言うとそれは

「脳が嫌がることをしない、脳が喜ぶことをする」

ということです。脳が嫌がることをすると「違和感」や「誤解」というノイズが発生します。そのノイズがあなたのプレゼンテーションに与える弊害は小さくはありません。

次ページからは、脳が喜ぶビジュアル表現7つのルールを1つずつ見ていきましょう。

参考　錯視の例はこのほかにもたくさんあります。興味のある方はネットなどで探してみてください。

ルール1
シンプルにつくる

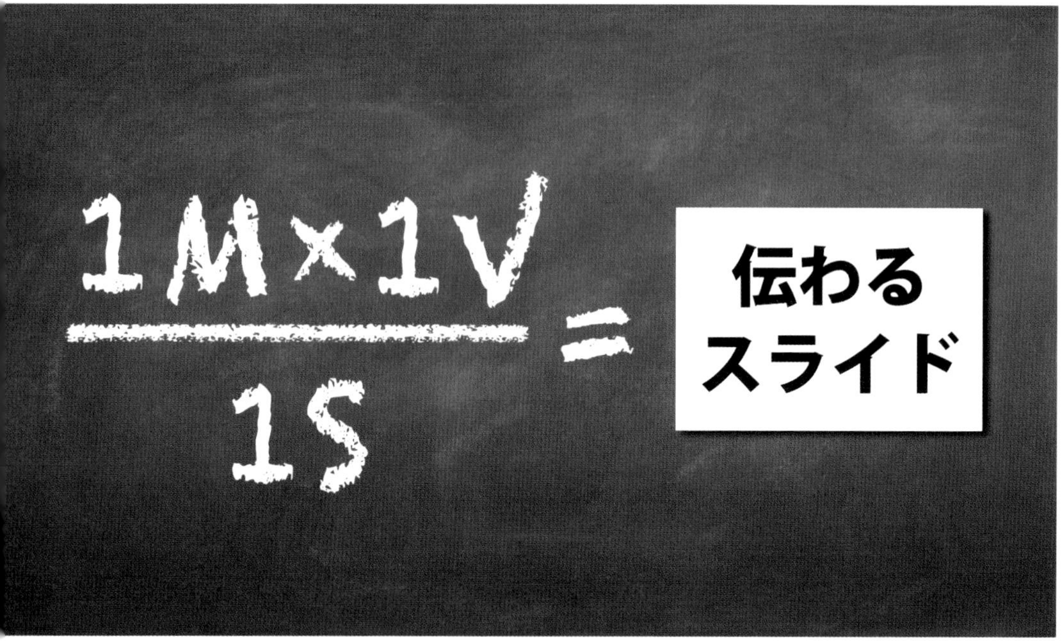

1M×1V÷1S＝伝わるスライド

「文字が大量に書かれている」

「どこから見ればいいかわからない」

「色がたくさんあってゴチャゴチャしている」

そのようなスライドは、聴き手にとっては迷惑なものでしかありません。情報を整理してシンプルなスライドにしないと、あなたのメッセージは伝わりません。「シンプルなスライド」とは、見た人に数秒でメッセージが伝わるスライドです。

１枚のスライドを、「１つのメッセージ」と「１つのビジュアル」でまとめることでシンプルで伝わるスライドになります。

1M×1V÷1S＝伝わるスライド

足し算ではなくかけ算にしているのは、メッセージとビジュアルがお互いにシンクロすることで相乗効果を生むからです。

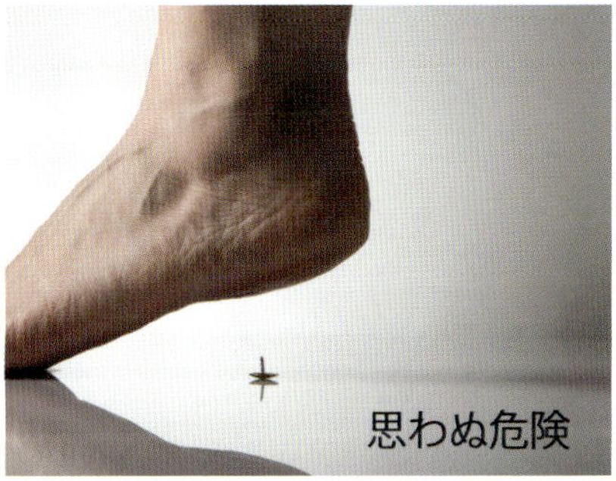

なぜ、シンプルにつくれないのか

シンプルなスライドがつくれない一番の原因は「企画提案書」と「スライド」の区別がついていないことにあります。

企画提案書は「読んで理解してもらう資料」です。あなたのプレゼンが終わったあとに得意先の担当者が上司に決済をもらうために使うかもしれません。あなたがいなくても読めばわかる資料になっていなければなりません。一方、スライドは「あなたの話をサポートするもの」で、あなたがいなくては意味のないものです。

「企画提案書とスライドはまったく別のもの」という認識に立たないと、いつまでもスライドはシンプルになりません。もちろん、必ず両方必要な場合と、片方で用が足りてしまう場合があります。一般に、両方必要な場合は、企画提案書をそのままスライドとして使ってしまうことが当たり前のように行われますが、本当はまず企画提案書から仕上げてしまうのが常道です。そして、企画提案書をベースに、スライドの構成を組み立ててください。

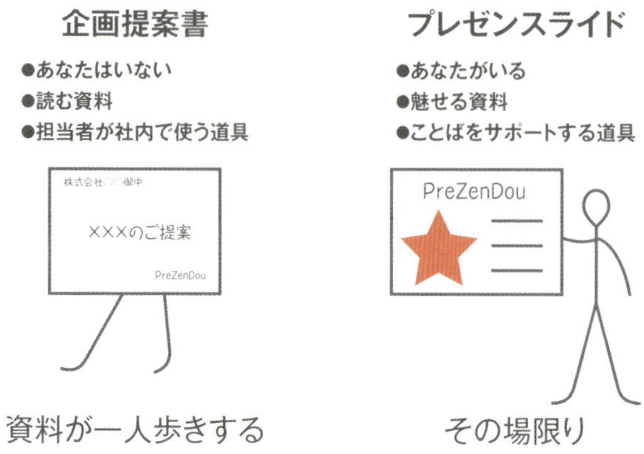

企画提案書
●あなたはいない
●読む資料
●担当者が社内で使う道具
株式会社○○御中
XXXのご提案
PreZenDou
資料が一人歩きする
プレゼンスライド
●あなたがいる
●魅せる資料
●ことばをサポートする道具
PreZenDou
その場限り

コラム　文字だらけのレトロなスライド

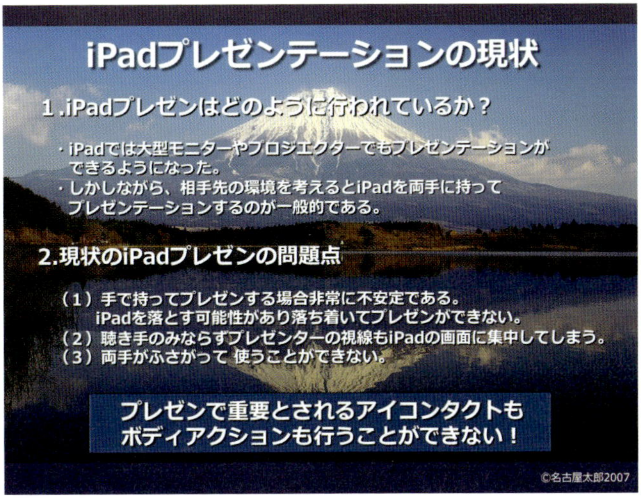

最近はだいぶ少なくなったのですが、油断しているとたまに文字だらけのレトロなスライドに遭遇します。昔はこれが一般的でした。背景の写真も本筋とは関係なく、「さびしいから、意味なく貼り付けている」というものがたくさんありました（なぜか富士山とか）。

私は、おもちゃ屋時代によく「いちばん後ろの席の人が読めるサイズにしないとダメだ」と言われていたものです。しかし、今考えると、「読めるようにしようとする」こと自体がまちがっていたことに気づきます。プレゼンター自身が内容を話すのですから、スライドはメインのビジュアルやフレーズがひと目で見えればいいのです。

ルール2
主役を目立たせる

背景は白が基本

次の2つのスライドを見てください。どちら見やすいですか？

カラーの背景や写真の背景にネットから探した写真を配置すると、一般に【B】のようになってしまいます。なんだか窮屈な感じでかっこ悪いと思いませんか？写真が1つならまだいいのですが、2つ3つと増えてくると、とても見苦しくて見るにたえません。

ところが、【A】のように背景が白だとスッキリします。背景を白にすることで、画像加工の時間も節約でき、見せたいものをかんたんに、スッキリと目立たせることができます。

カラフルなスライドもモノクロコピーで台なしになる

最近では、コスト削減の観点から、提出したカラーの企画提案書もモノクロでプリントやコピーされることが多々あります。しかし、カラーでは見やすくても、モノクロになった時の見づらさはひどいものです。企画提案書では可能な限り背景を白にして、文字がきちんと読めるように配慮するべきです。文字や図形のドロップシャドウやグラデーションも、使用しないことをおすすめします。

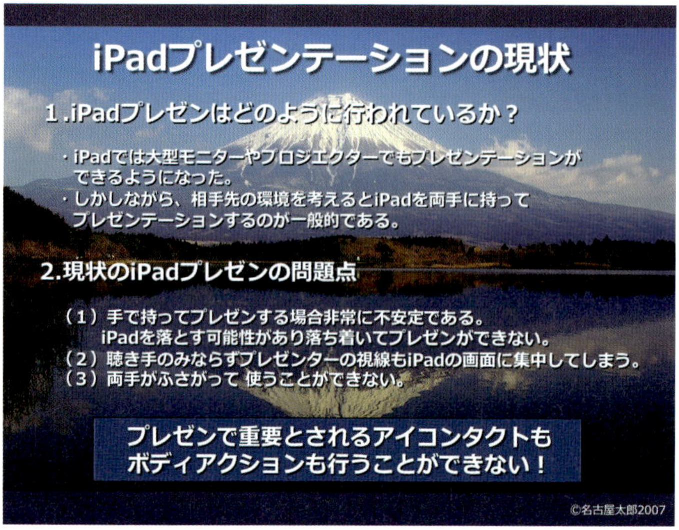

カラーでは
見やすくとも

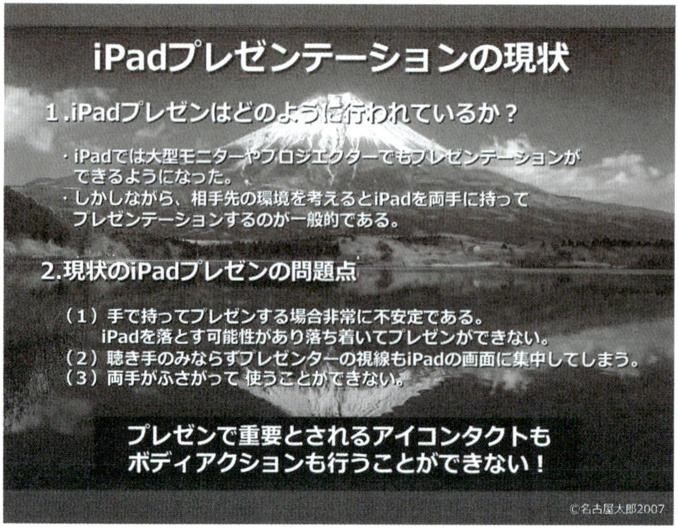

モノクロになると
見づらい

カラーの背景で主役を目立たせるには

とはいえ、背景をカラーに設定したい時もあります。背景にカラーを使いたい時は、次のような方法があります。

1. 写真の背景を切り抜く

最近のPowerPointでは画像加工の能力が上がって、背景の削除がかんたんにできるようになりました。

2. 写真の背景と同じ色でバランスよく囲む

背景がカラーパレットにない微妙な色は、スポイトツールで背景をクリックすると、同じ色にすることができます。

カラフルな写真の背景で文字を目立たせるには

カラフルな写真を背景に使用すると、文字が見づらくなる場合があります。その場合には、以下のような対策があります。

1. 写真を加工する

黒などの濃い色のフォントの場合

- 写真の透明度を上げる
- 白の半透明の長方形を、写真と文字の間に配置する
- 色の変更で明るい色にする

白などの明るい色のフォントの場合

・修正（明るさ・コントラストを下げる）
・黒の半透明の長方形を、写真と文字の間に配置する
・色の変更で濃い色にする

どのやり方でも結果は下の図のようになります。この方法でバックにカラフルな写真を使用する方が多いようです。ところが、このような方法はカラフルな写真を見づらくしてしまいますから、そもそもカラフルな写真を使う意味がなくなってしまうので、おすすめしません。

一番シンプルで早いのは、以下のように半透明白黒の長方形を活用することです。

2. フォントを加工する

一方、文字自体を加工する方法もあります。

・フォントに輪郭を設定する

・フォントに光彩を設定する

このような場合はシャドウを使う人が多いですが、輪郭や光彩を使ったほうが見やすくなります。

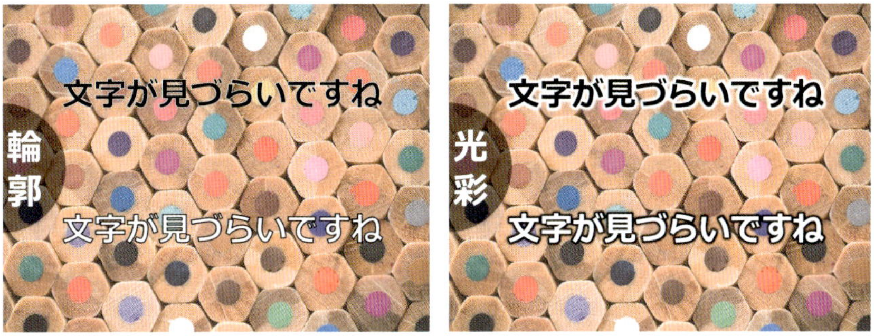

輪郭線は細すぎると見づらいですが、太くすると次のページの上の図のように文字がやせて見苦しくなってしまいます。その場合は、輪郭線を太くした文字の上にコピーした通常の文字を重ねると見やすくなります。光彩のボケた感じがいやな方はこちらをおすすめします。

輪郭を太くしたもの

輪郭を太くしたものに通常の文字をコピペしたもの

ルール3
テイストをそろえる

そろえることが大事な3つの理由

プレゼンテーション全体で使用するイラストや写真は、できるだけ同じテイストでそろえましょう。テイストをそろえる意味は3つあります。

1つめは、テイストがバラバラだと、聴き手の理解度も集中力も下げてしまうためです。同じテイストであれば、理解しやすくなり、集中力も上がります。

2つめは、強調したい要素があるときに、テイストがバラバラでは、埋もれてしまうためです。同じテイストであれば、違うテイストのものを入れることで上手に強調することができます。

3つめは、特にイラストの場合はバラバラなテイストのものを使うと、安っぽく見えて、プレゼンテーションの価値も割り引かれてしまうためです。同じ1枚のスライド内でバラバラのテイストのイラストが使われている場合は最悪です。

テイストをそろえにくければイラストは使わない

ただ、現実的にはうまくテイストをそろえられないこともあるでしょう。最初に「できるだけそろえる」とお断りしたのは、同じテイストのイラストをそろえるにはお金を出さないと難しいからです。目的のイラストをそろえるのに、無料のクリップアートだけでは力不足です。有料のサービスやクリップアート集でうまくそろえられればいいのですが、ちょっとハードルが上がりますし、それでも十分とは言えない場合もあります。そのような現実から、私の場合、基本的にイラストは使わないことにしています。

イラストの代わりに使うのは、あまりテイストに左右されない写真です。写真撮影が得意な人なら、自分で撮影するのも1つの手です。普段からプレゼンテーションに活用するつもりでストックしておくといいでしょう。

シルエットとピクトグラムを活用しよう

写真以外では、シルエットとピクトグラムを使うと、テイストをそろえることができます。

シルエットは写真などをベースにつくられているものが多く、写真との相性もいいうえに、「シルエット」というテイストでそろえることができます。

ピクトグラムはもともと情報がデザインされたものですから、プレゼンテーションとの相性は抜群です。ちょっとがんばれば、自分で作ることもできます。

どちらもネットで無料で使用できるものがたくさんあります。私自身も、オリジナルのピクトグラムを制作しています。

ルール4
色と言葉の衝突を避ける

赤

注意

「止まれ」はなぜ赤なのか

スライドを作るときに、意外と無神経に扱われているのが、文字の色です。「基本は黒にして、強調するところに赤や青などの色を使う」という使い方を多く見かけます。気持ちはわかるのですが、気づかぬうちに、脳が嫌がることをしている可能性があります。

上の「止まれ」「赤」「注意」を見てください。何か違和感がありますよね？それではちょっと実験をしてみましょう。

次の漢字を左から読んでみてください。

青 黄 赤 青 赤 緑

次に、色の名前を左から答えてください。

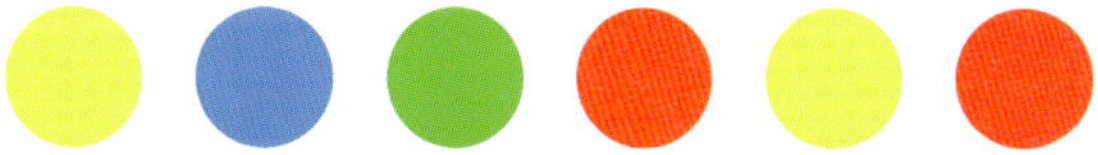

最後に、色の名前を左から答えてください。

青 黄 赤 青 赤 緑

いかがでしたか。最後の場合は、言葉と色が脳の中で衝突を起こして、時間がかかったり、まちがえたりしたと思います。わかりやすく、色を表す漢字と色で試してもらいましたが、このような衝突は色を表す漢字でなくても起こります。それは、色にはそれぞれ持っているイメージがあるからです。

見た目だけで文字の色を決めてはいけない

以下をご覧ください。左側では文字＝言葉の持つ意味と色が伝えるイメージが真逆になって、違和感を感じます。色の持つイメージを考えないで、見た目だけで文字＝言葉の色を決めると、脳が嫌がり、違和感だけが残ります。

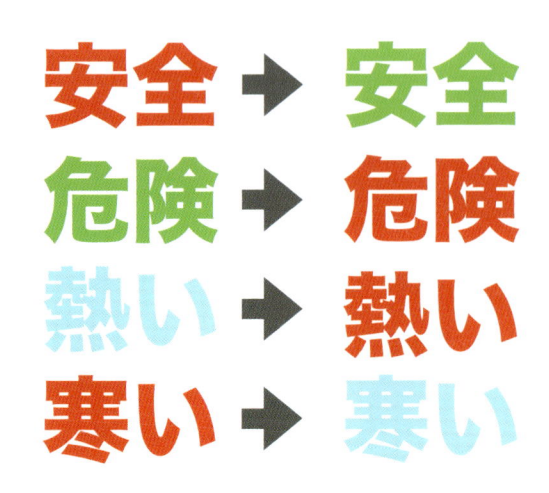

安全 → 安全

危険 → 危険

熱い → 熱い

寒い → 寒い

色のイメージから連想される言葉のイメージ

以下の表は、おもな色の持つイメージを一覧にしたものです。人によって、色から受けるイメージは多少の違いがありますが、一般に標識やポスターなどはだいたいこのようなイメージを元にデザインされています。

色の持つ自然のイメージから連想されるのが言葉のイメージです。ポジティブとネガティブに分けて例を挙げてあります。

色	自然のイメージ	言葉のポジティブイメージ	言葉のネガティブイメージ
赤	血	熱い・激しい・情熱・派手	怒り・危険・痛み・攻撃
橙	炎	陽気・元気・暖かい	騒々しい
黄	光	明朗・幸福・希望	不安・危険
黄緑	草	若い・新鮮・自然	未熟
緑	森	自然・調和・平和・安心	苦い
青	空(海)	冷静・清潔・知的・集中	悲しい・寂しい・寒い
茶	土(木)	温和・伝統・渋い	地味・古い
黒	夜(闇)	厳粛・伝統・高級	暗い・不安・絶望
白	雲(雪)	純粋・清潔・明るい・新しい	無

熱い	怒り
激しい	危険
情熱	痛み
派手	攻撃

陽気	騒々しい
元気	
暖かい	

明朗	不安
幸福	危険
希望	

若い 新鮮 自然	未熟

自然 調和 平和 安心	苦い

冷静 清潔 知的 集中	悲しい 寂しい 寒い

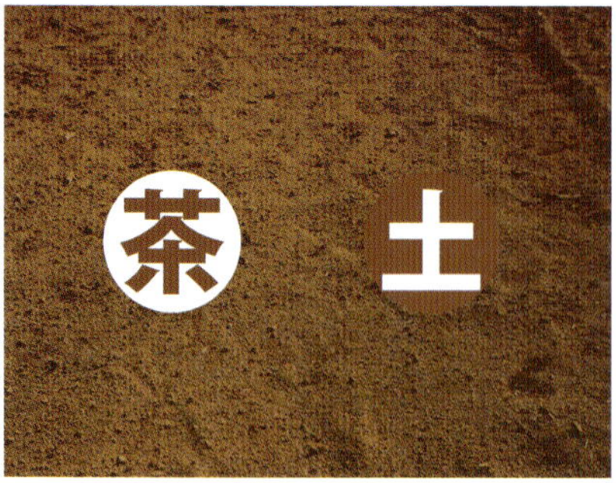

温和	地味
伝統	古い
渋い	

厳粛	暗い
伝統	不安
高級	絶望

純粋	無
清潔	
明るい	
新しい	

ルール5
書体と言葉の衝突を避ける

書体ひとつで印象は劇的に変わる

パソコンにはさまざまな書体がそろっています。日本語の文字では、通常はOSに付属のフォント以外は使用するチャンスがあまりありませんが、英語圏ではすてきな書体のアルファベットが無料でたくさんあって、うらやましいかぎりです。

メインで使う書体を変えると、プレゼンテーション全体の印象は劇的に変わります。ただ、悲しいことに日本語のスライドでは見やすさでゴシックを使うことがほとんどなので、悩む余地はなさそうです。

ゴシック以外にも、明朝、丸ゴシック、筆文字、手書き文字などのフォントがあります。機会があれば、お気に入りのフォントを探して、購入してみるといいでしょう。

	用途	代表的なフォント（Win）	代表的なフォント（Mac）
ゴシック	タイトル・キャッチ	メイリオ・創英角ゴシック	ヒラギノ角ゴ
明朝	文章・会話	MS明朝	ヒラギノ明朝
丸ゴシック	やわらかさを出す時	DFP丸ゴシック	ヒラギノ丸ゴ

※Windowsでは「メイリオ」、Macでは「ヒラギノ角ゴ」がスタンダードです。ほかの書体を使用する場合は、それなりの意図や意味を考えて使うようにしましょう。

書体が持つ性格を考慮しよう

書体には性格があります。スライドの中で単語やフレーズで使うときにその点を考慮することで、より効果的にメッセージを伝えることができます。逆に、色の場合と同様、書体の性格と単語やフレーズの意味が合わないと、脳の中で衝突が生じます。

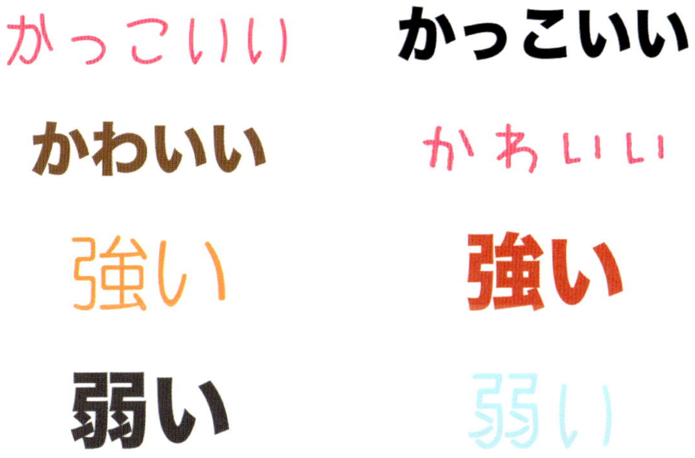

ルール6
遠近感を考慮する

違和感のある配置に意外と気づかないことが

次ページに挙げたヘビとカエルのスライド4枚を見てください。

スライド1はヘビににらまれたカエルといったシーンです。

スライド2にはなんか違和感を感じます。ヘビの赤ちゃんでしょうか。

ところが、このヘビをスライド3のように上のほうに持ってくると、遠近感が出て、少し違和感が和らいだ気がします。遠くからカエルを狙うヘビになりました。

そして、スライド4ではヘビの色が少し薄くなっていますが、いっそう遠くにいる感じが加わります。

「なんだ、そんなのあたりまえだ」と思ったかもしれません。ところが、スライド2のようなことを意外と平気でやってしまうのです。

本来大きなものを小さくするときは上のほうにレイアウトする

ネットなどでフリーの写真を使用するときなどは、本来使いたいサイズにすると解像度が足りずに、画像が荒れてしまうことがあります。その場合は、本来使いたいサイズはあきらめて、きれいに見えるサイズで使うことが多くなります。そのとき、落とし穴にはまってしまうことがあります。

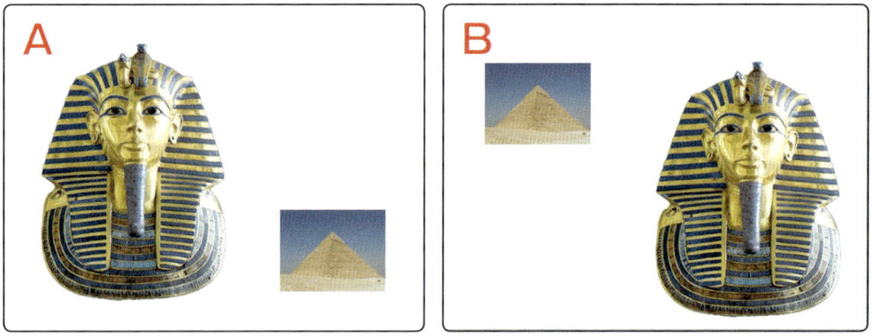

AとBを比べて見てください。Aのほうに何か違和感を感じませんか。これが、人物など大きさが直感的にわかるものだとよけいに違和感を感じます。

この場合は、Bのようにレイアウトしたほうが気持ち悪くありません。本来大きなものを小さいサイズでレイアウトする場合は、後ろにあるように見せると違和感なく感じられます。つまり、上のほうにレイアウトするほうがいいのです。

ピラミッドを大きくすると画像が荒れますが、ぼかしを使えば荒れが目立たなくなります。それでもダメな場合は、本当に必要なほうに絞るべきです。

ルール7
視線を誘導する

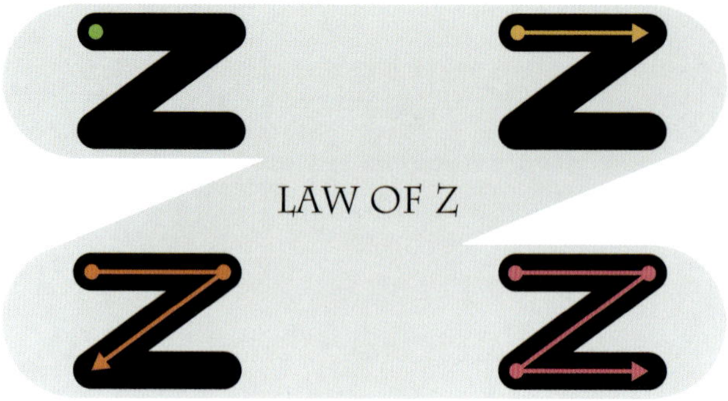

聴き手の2つの負担

　スライドのレイアウトで大事なのは、聴き手に見るための負担をかけないことです。負担がかかれば、聴き手はあなたの話を集中して聞くことができません。

　聴き手の負担とは、次の2つになります。

・「スライドのどこを見ればいいかわからない」という精神的な負担
・スライドのあっちこっちに視線を移動する肉体的な負担

Zの法則

　聴き手にとって負担の少ないレイアウトにするには、以下の2つのルールを守る必要があります。これをZの法則といいます。

①左から右→
②上から下↓

Zの法則は、眼球の筋肉と関係しています。眼球の筋肉は、横と斜めに動かすのは得意なのですが、縦に動かすのが苦手です。ためしに、自分で動かしてみてください。縦に動かすには斜めに動かす筋肉を微妙に調整して動かすので、疲れてしまうのだそうです。

以下の2枚のスライドを見てください。何か気づきませんか？

銃を持った女性の腕に気づいたら、正解です。左手で銃を持っていますね。この女性は、左ききなのでしょうか？　じつは違います。もともとの写真を反転して使用しているのです。

このスライドでは、Zの法則で見た人に左から吹き出しを読んでもらいたかったので、写真を反転したのです。比較すると、その違いがわかります。

そんなことは
わかっているわよ。
その銃
どけてほしいって
思っているの理解
してくれる?

そんなことは
わかっているわよ。
その銃
どけてほしいって
思っているの理解
してくれる?

コラム　大きさを感じてもらう2つの方法

商品では、「世界最小の○○」とか「○○史上最大」など、大きさがセールスポイントになる場合が多々あります。部屋の広さなどもそうです。おもちゃで言えばぬいぐるみとか、食品なども価格に対して大きさが重要になります。実物サンプルがあれば問題ないのですが、そうでない場合は、ダミーの模型やスライドの写真で大きさを感じてもらうと効果があります。

プレゼンでは、画面のサイズが出力するもの（モニター、プロジェクター、iPad、紙など）によって変わってしまいますから、何か感じてもらう方法を考えなければなりません。

1つの方法は、大きさがわかるものをスライドの中に入れることで、実際の大きさを感じてもらうことです。気をつけなければいけないのは、聴き手が大きさを理解できるものでないと効果はないということです。

もう1つの方法は、実際の大きさを表示する方法です。プロジェクターでは投影画面で大きさが相対的に変わってしまうので少し面倒ですが、事前にプロジェクターに映しながらメジャーで測って調整します。事前にサイズがわかっているモニターでは、一度準備してしまえば、比較的かんたんに行うことができます。iPadなどでも効果抜群です。

第3章

心を揺さぶるストーリーの組み立て方

- ストーリーの基本は「チェンジ」
- プレゼンテーションにおけるストーリーとは
- ストーリー構造のつくりかた
- コラム　エレベーターピッチは何文字？
- 記憶に残る話の構成とは
- 聴き手との共通点を組み込もう
- 体験談で感情に訴える
- ストーリーを「成功の型」にはめよう

ストーリーの基本は「チェンジ」

ビフォー・アフター
～聴き手の現在をより良き未来に変える

「ビフォー・アフター」という人気テレビ番組があります。さまざまな家の問題で悩んでいる応募者の家をリフォームの匠が理想の家に作り変えるという番組です。

プレゼンテーションのストーリーの構造はこの「ビフォー・アフター」と同じ構造になっています。あなたのプレゼンテーションが聴き手の現在の状況をより良き未来に変えるのです。

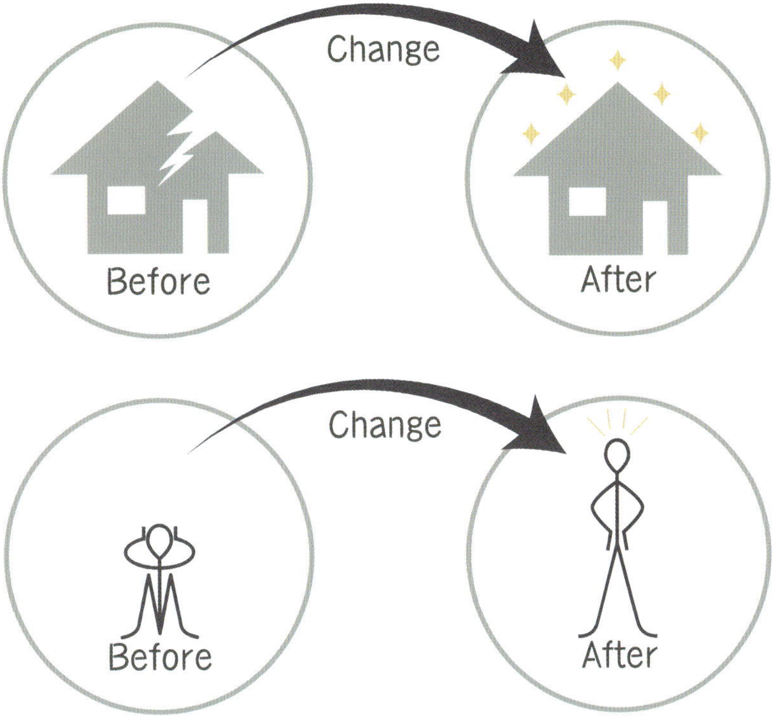

プレゼンテーションのストーリーとは、すべて「チェンジ」のストーリーだと言えます。最近見たハリウッド映画のストーリーを思い出してください。多くのハリウッド映画において、ストーリーの冒頭では、主人公が何かしらの欠落した部分を抱えています。そして、最後にはその欠落部分が補完されるという構造になっています。プレゼンテーションのストーリーもこれと同じ構造なのです。

プレゼンテーションにおけるストーリーとは

ストーリー、出来事、エピソード、逸話を定義する

「ストーリー」という言葉はおもに小説や映画の脚本で使われるものですが、最近ではビジネスの世界でも「ビジネスはストーリーで語る」「ストーリーマーケティング」などと言われるように、ストーリーの重要性にスポットが当てられています。プレゼンテーションでも「ストーリー」という言葉が使われますが、人によってさまざまな意味合いで使われるため、本書では次のように定義します。

- **ストーリー** 出来事が連続したもの
- **出来事** トピック・1つの話題について述べたもの
- **エピソード** 本来は逸話　→「出来事」と同じ扱いとする
- **逸話** あまり知られていない興味深い話

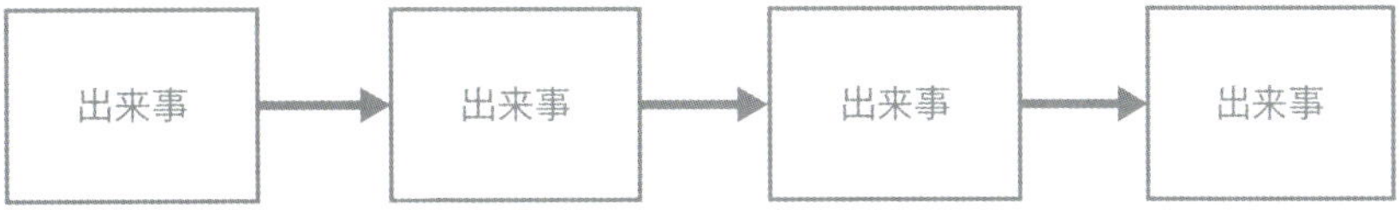

出来事には「事実」と「意見」がある

以下の文章をごらんください。

・この本はプレゼンテーションについての本です。　**事実**

・この本を読めばプレゼンテーションが上達します。**意見**

出来事には「事実」と「意見」があります。「事実」は、正しいか正しくないかをだれもが判断できることです。したがって、事実には「正しい事実」と「誤った事実」があります。一方、「意見」はほかの人には正しいか正しくないかを判断できないことです。

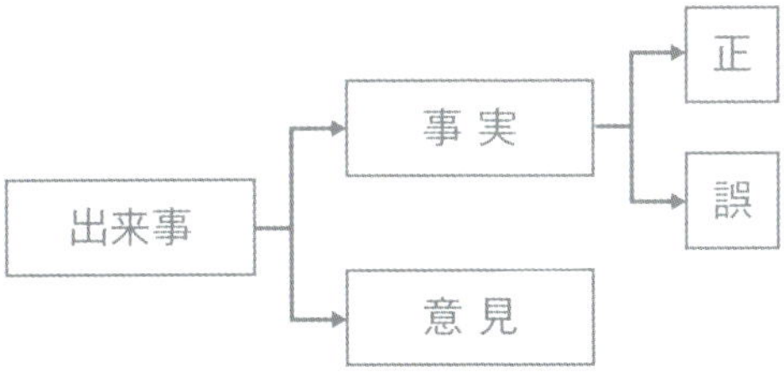

こういった視点で見ると、小説や映画の脚本はフィクションですから、すべて作者の視点からの誤った（正しくない）事実でできていると言えます。一方で、ノンフィクションやドキュメンタリー番組は、事実（おそらく正しい）と作者の意見でできています。

プレゼンテーションに話を戻すと、プレゼンテーションは事実だけではストーリーをつくることはできません。聴き手についての未来の話をするのですから、意見を加えないと提案はできないからです。

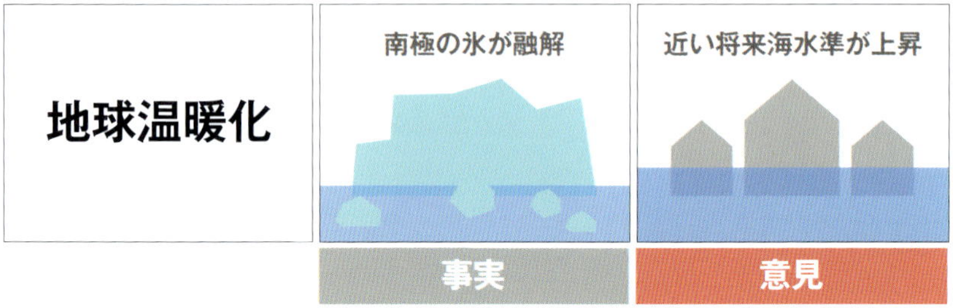

ドキュメンタリー映画は「事実」と「意見」で組み立てられたプレゼンテーション

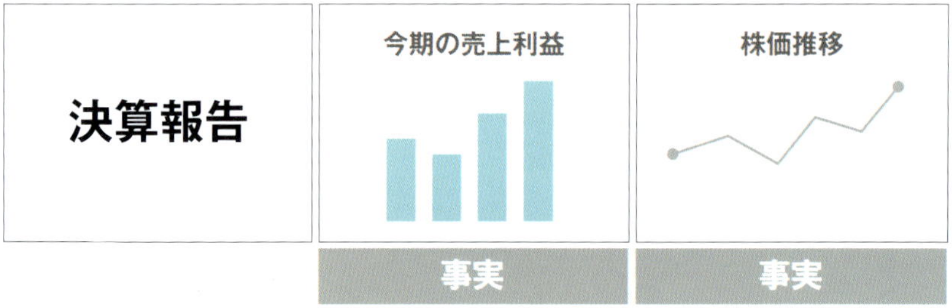

決算説明会での決算報告はただの「事実」の報告で、プレゼンテーションとは言えない

ストーリーをつくる2つのステップ

ストーリーづくりには2つのステップがあります。

1つめはストーリーの構造をつくること。構造とは、ストーリーの設計図です。

構造づくりでは、以下のことが必要になります。

・出来事を連続させる
・出来事の因果関係を明確にする

2つめは、設計図をもとに伝え方をつくることです。出来事を聴き手が理解・共感しやすい順番にし、さらにはドラマチックな要素を加えることで、聴き手の感情に訴え、記憶に残るようにします。

●構造をつくる	▶出来事を連続させる ▶因果関係を明確にする（原因と結果）

●伝え方をつくる	▶理解・共感しやすい順番にする ▶ドラマチックにする

プレゼンテーションをつくる時は、さまざまな状況からスタートします。あなたの頭の中にアイディアがすでにある場合、問題点はわかっているけれどその原因が特定できていない場合、あるいは解決策はあるのだがその実行に障害が見えている場合など。

その時のテーマや相手によって、やり方は違ってきます。情報収集やアンケート調査をしたり、問題解決やアイディアづくりの手法などを駆使して、不足しているパーツをつくっていきます。

ストーリー構造のつくりかた

ストーリーの設計図のワークシートと使い方

　プレゼンテーションの構造づくりにはいろいろなものがあるので、自分の使いやすいものを選ぶといいでしょう。私自身はおもちゃ屋時代に会社で活用されていたワークシートをベースにプレゼンテーション用に作り変えたものを使っています。どのように使っていくかをご紹介します。

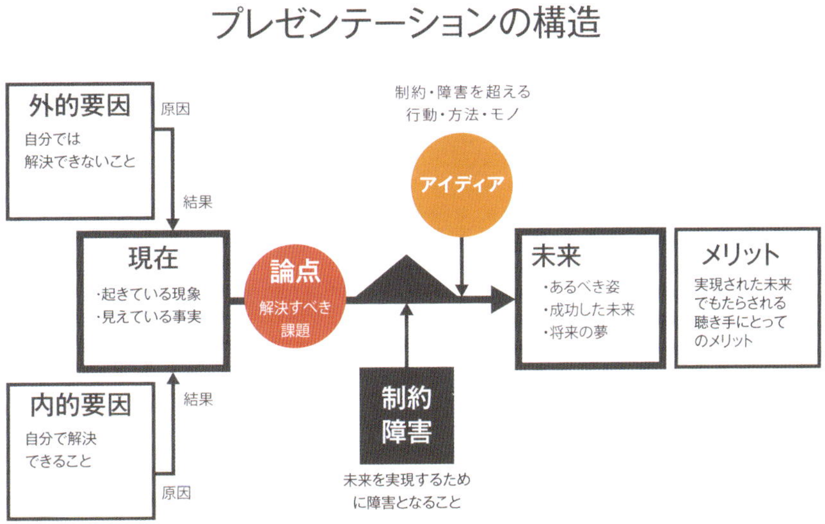

プレゼンテーションの構造をつくるためのワークシート

1. 現在と未来を記入する

現在は「ビフォー」、未来は「アフター」です。

コツは現在には主観を持ち込まず、客観的な状況や現象しか書かないことです。

未来には最高に成功したときや将来のあるべき姿を書きます。後で見直せば良いので、少しおおげさに書いても心配いりません。

あわせて、未来が訪れたときにもたらされる「聴き手のメリット」も書いておきます。

メリットはアイディアが出るまで書けないこともありますが、その場合は後で書ければ大丈夫です。

2. 現在の状況を招いている要因を書き出す

図の左側には、2つの要因があります。

外的要因は、市場環境や他社のことなど、自分や、自社では解決できないこと。

内的要因は、人事や予算など、自分や自社で物理的には解決できるのに、解決できていないこと。

この2つを分けるのは、自分の力で解決できない外的要因の解決にムダな時間をかけないようにすることと、外的要因は時間軸とともに変わることを認識するためです。

2つの要因と現在は、原因と結果の関係になります。

3. これまで書いたものを俯瞰して見て、現在から未来に進むためにどんな制約障害があり、論点は何かを書き出す

論点と制約障害の2つの間には、葛藤、対立、闘争、変化といったドラマが発生し、ストーリーをドラマチックにする役割があります。論点も制約障害も、内的要因の中に眠っています。「敵は自身にあり」ということです。

4. 論点を文章化する

主語と述語を明確に、以下のような問いかけができないか考えてみてください。

「～はどちらか？」

「～はどこを～すべきか？」

「～は何を～すべきか？」

「～はどう～すべきか？」

思いつかない時は、以下のようにして最も重要な課題を導き出し、それを問いかけの言葉にしてみましょう。

・未来から逆算して考えてみる
・極端にバイアスをかけて考えてみる
・「だから何？」という本質、真因を問いかけ続ける
・現場の生の声を参考にする

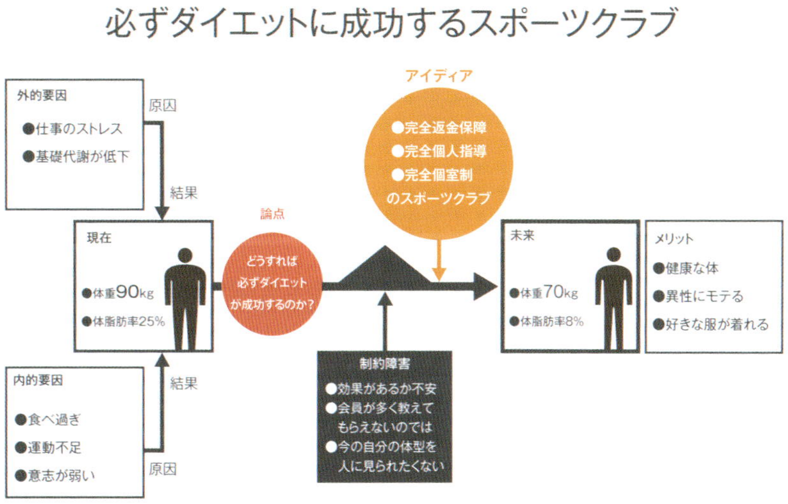

必ずダイエットに成功するスポーツクラブ

5. 論点の問いに答え、制約障害を超えるアイディアを考える

実際はアイディアのデータベースが頭にあって、先にアイディアありきということが多いかもしれません。全体像が見えた段階でアイディアの見直し・ブラッシュアップを行います。

説明しやすいように順番に書きましたが、実際は現在と未来を書いた後はどこから書き出しても問題ありません。

6. 実行計画に落としこむ

この後は、アイディアをどのように実現するのかを実行計画に落とし込みます。

・だれが？（組織、役割、責任）
・何を？　どのように？（具体的施策、戦術）
・いつ？（スケジュール）
・いくらで？（予算）

実際は、企画提案書には実行計画は必ず資料として盛り込みますが、プレゼンテーションの場では予算以外はあまり説明しないことが多いです。なぜなら、企画がとおった後の話であり、ごくあたりまえの内容で、資料を見れば理解できるからです。

7. 短い文章にしておく

完成したら、全体を要約して2～3行の文章にしておきましょう。これを「コアメッセージ」と呼びます。箇条書きでもかまいませんが、140文字前後の文章にしておくと、エレベーターピッチ（コラムを参照）にも対応できます。

　コアメッセージをつくるのは、プレゼンテーションのストーリーを迷走させないためです。ストーリーのそれぞれのパートがコアメッセージとつながっているかをチェックすることで、ストーリーが伝わりやすいものになります。

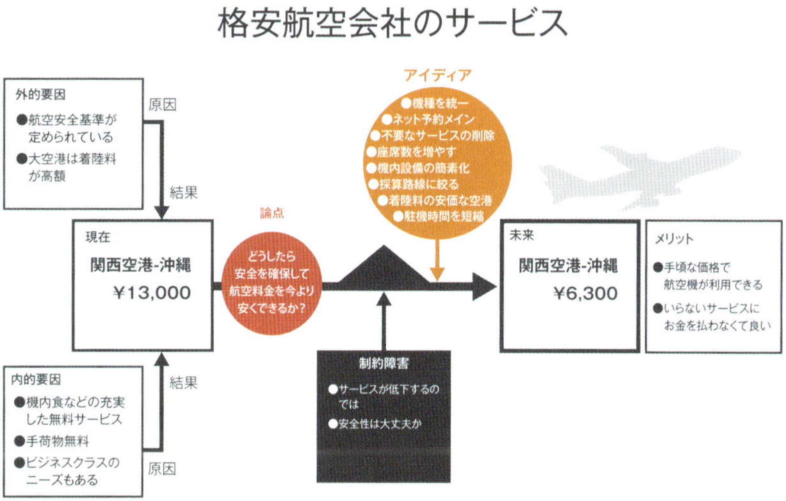

格安航空会社のサービス

コラム　エレベーターピッチは何文字？

「エレベーターピッチ」というプレゼンテーションの文化があります。シリコンバレーで生まれたと言われ、起業家が投資家をエレベーターの1階でつかまえて、投資家がエレベーターを降りる15～30秒の間に投資家の興味をつかむというものです。

エレベーターピッチでは、日本語だと通常200～300文字と言われていますが私は30秒で220文字程度しか話せません。そう考えるとコアメッセージをTwitterの文字数の上限である140文字程度にまとめるのは妥当なところです。

じつを言うと、私自身はエレベーターピッチは研修やセミナー用の作られたお話だと思っています。とはいえ、エレベーターというリアルなシーンを設定していることで頭の中にイメージが湧き、忘れることはないので、まさに直感に刺さるストーリーです。

記憶に残る話の構成とは

伝える順番で伝わり方は変わる

同じテーマのプレゼンテーションであっても、伝える相手によって伝える順番を変えたほうがより伝わりやすくなります。たとえば同じ新商品のプレゼンテーションでも、社内の営業と販売店の店長では興味や視点が違いますから、おのずと強調するポイントも変わってくるものです。

社内の営業の興味・視点

・この商品をいくつ販売すれば目標を達成できるのかが重要
・競合品と比較してどのくらいの商品力があるのかが重要

販売店の店長の興味・視点

・自分のエリアにCMはどれくらい投下されるのかが重要
・店頭用の販促物にはどんなものがあるのかが重要

出来事がつながらないとストーリーは伝わらない

よく「話がとんでいる」「話がつながっていない」という言い方をしますが、それはストーリーを構成する出来事と出来事の間がつながっていないということです。つながっていない状態ではストーリー自体が伝わらなくなってしまいます。順番を変える場合でも、出来事がつながっていることは大前提です。そのために、出来事の順番を組み立てる中で、追加で出来事が必要となる場合もあります。

記憶に残るストーリー

ストーリーをドラマチックにすると、聴き手の記憶に残りやすくなります。そのためには、次のような出来事を加えると効果的です。内容を意外性のあるものにすると、さらに効果は高まります。

聴き手との共通点を組み込む

「鈴木社長は釣りがお好きだとお聞きしましたが、一般に釣り糸は何でできているかご存知でしょうか？」

これは釣りの話題から、化学繊維の話へつなげる例です。

体験談で感情に訴える

「じつは私自身にもこんなことがありました……」

成功談よりも失敗談のほうが効果的です。

聴き手をストーリーに参加させる

・出来事の主人公を聴き手のだれかにしてみる

「伊藤さん、ちょっと想像して見てください…」

・聴き手に問いかけや質問をする

「佐藤部長は、このような場合、どうお考えになりますか？」

・聴き手に前に出てきてもらいプレゼンを手伝ってもらう

「中村さん、ちょっとこちらに来てお手伝いをしていただけませんか？」

敵を設定し、聴き手を味方につける

敵を設定することで、自らのポジションが明確になります。

現実に存在するものを敵とすることで、リアリティが出てきます。

AppleのプレゼンにおけるMicrosoftが代表例です。

聴き手との共通点を組み込もう

ストーリーに聴き手を引き込むには

そもそも聴き手は、自分が関心のない話は聞いてくれません。聴き手の関心のある話であっても、伝え方をまちがえると、あなたのメッセージをうまく届けることができなくなります。聴き手は自分の聞きたいようにしかあなたの話を聞いてくれないからです。

これを回避するには、聴き手とあなたの共通点を見つけることが重要です。

共通点だけでなく、ギャップも認識しておこう

次ページのワークシートは、プレゼンターと聴き手との共通点と相違点を確認するためのものです。

プレゼンテーションのテーマについて、プレゼンターと聴き手との共通点と相違点は何か。

お互いの論点や成果について、ズレはないか（成果はストーリーの構造づくりのワークシートのメリットと同じ意味となります）。

これらを事前に想定し、ストーリーに組み込むことで、聴き手の直感に刺さるドラマチックなストーリーをつくる手助けとなります。

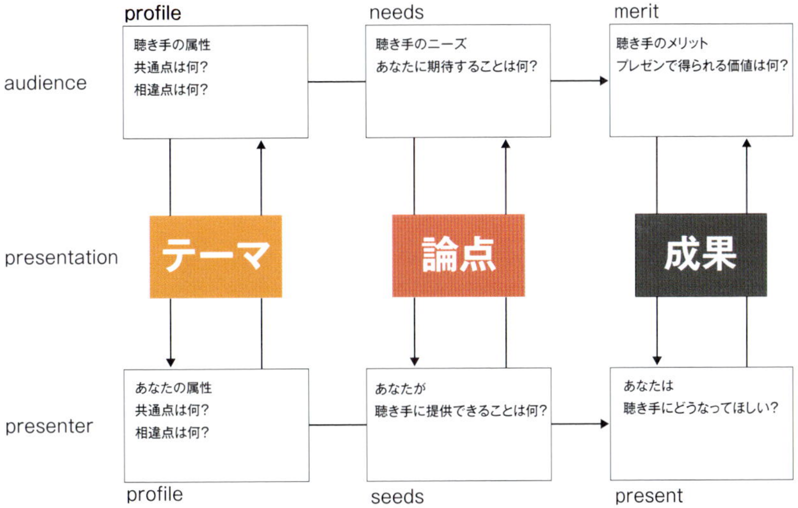

profile
needs
merit
audience
聴き手の属性
共通点は何？
相違点は何？
聴き手のニーズ
あなたに期待することは何？
聴き手のメリット
プレゼンで得られる価値は何？
presentation
テーマ
論点
成果
presenter
あなたの属性
共通点は何？
相違点は何？
あなたが
聴き手に提供できることは何？
あなたは
聴き手にどうなってほしい？
profile
seeds
present

採用面接プレゼンテーション

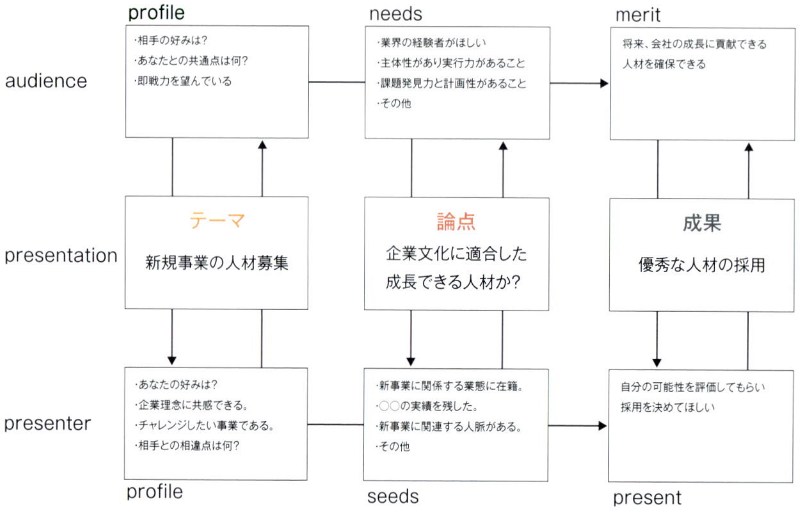
profile
needs
merit
audience
・相手の好みは?
・あなたとの共通点は何?
・即戦力を望んでいる
・業界の経験者がほしい
・主体性があり実行力があること
・課題発見力と計画性があること
・その他
将来、会社の成長に貢献できる
人材を確保できる
presentation
テーマ
新規事業の人材募集
論点
企業文化に適合した
成長できる人材か?
成果
優秀な人材の採用
presenter
・あなたの好みは?
・企業理念に共感できる。
・チャレンジしたい事業である。
・相手との相違点は何?
・新事業に関係する業態に在籍。
・○○の実績を残した。
・新事業に関連する人脈がある。
・その他
自分の可能性を評価してもらい
採用を決めてほしい
profile
seeds
present

体験談で感情に訴える

体験談はビジュアルとして残っている

あなたが実際に体験したことのある出来事には、ドラマチックな力があります。あなたの記憶の中にある情景とその時の気持ちを聴き手に伝えることができるからです。本当の話ですから、あなたは自信を持って話すこともできます。メモなどもちろん必要ないでしょう。

失敗談にこそあなたの個性が現れる

聴き手は、成功談よりも失敗談に共感してくれます。

成功談を聞いた時、聴き手は話には出てこない成功の条件を想像してしまいます。その条件が１つでも自分に当てはまらないと、「自分には関係ない話」となって共感してもらえません。

ところが、失敗談では、聴き手は何かしら自分の経験にある失敗の理由を勝手に当てはめてくれます。「１つでも条件が揃うと、自分も失敗するかもしれない」というキモチになるのです。

ちょっとだけ、私の失敗談もお話しておきましょう。

私がおもちゃ屋時代に、ホームセンターで販売できるエンタテインメント商品の企画を立てていた時の話です。当時はエコ・リサイクルといったキーワードがトレンドで、ペットボトルロケットが工作として人気がありました。そこで、ペットボトルを再利用した玩具の企画を考えることになりました。

その時企画したのが、ペットボトルブロックです。ペットボトルのキャップ側と底面にペットボトル同士をつなげるパーツを付けて、パーツでペットボトルをブロックとして楽しむというものでした。普通では作れない大きな家やロボット、のりものを作ることができるのです。「ペットボトルは家庭でかさばって邪魔になっている、それをおもちゃとして再利用できるようにしよう」というのが企画のポイントでした。

ところが、かさばって邪魔になってることに対応するペットボトルが開発されてきました。かんたんに潰せるペットボトルです。そんなペットボトルでは、おもちゃを作っても崩れて事故が起こる危険があります。実用新案も取りましたが、結局この企画は中止になりました。業界がユーザーのニーズに対応して動いていることを想定していなかったのが失敗の原因でした。

他人の出来事を自分のものにしよう

話の主人公は自分である必要はありません。あなたの家族でもいいし、友達でもいいのです。あなたが本を読んで共感したり、人から聞いて「いいな」と思ったお話を使いたい時もあるでしょう。そういう場合はきちんと裏づけをとっておきましょう。自分が納得いくまで調べておくことで、「自分の話」として話すことができるようになります。これは、新聞、ネットの記事、著名人の話、逸話なども同様です。

ストーリーを「成功の型」にはめよう

プレゼンテーションを行うときは、単にストーリーを語ることだけでは不十分です。プレゼンテーションを成功させるための型にはめることが、特にビジネスにおいては重要になってきます。まずストーリーを固めたあと、前後に次に挙げた4つの要素でサンドイッチしましょう。

1 自己紹介
●味方だと告げる
●共感を促す
●興味を持ってもらう

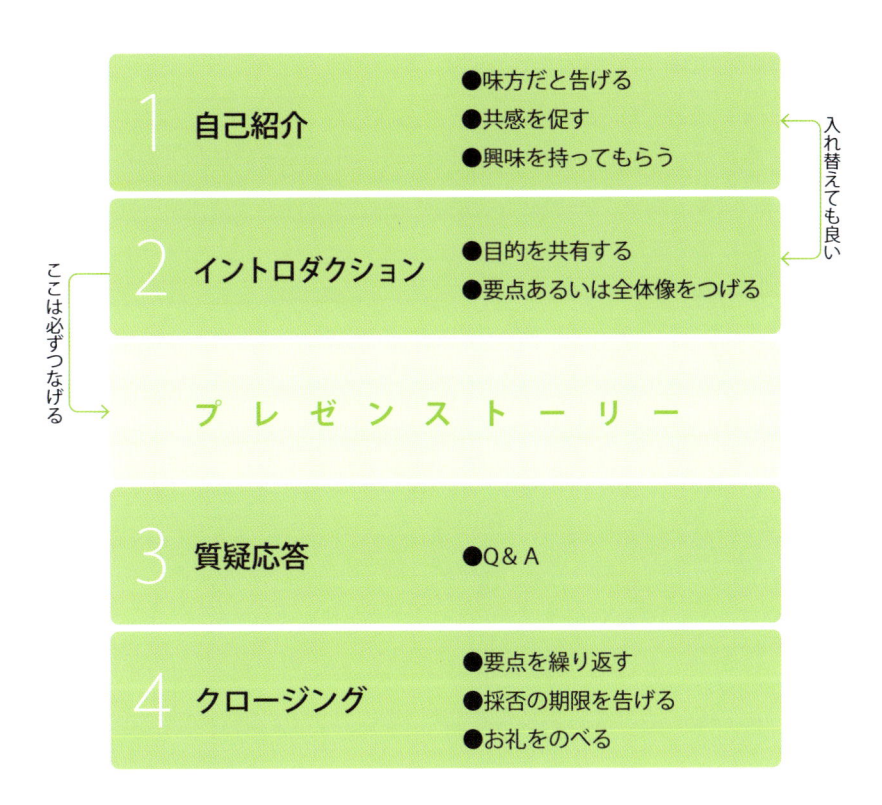

入れ替えても良い

2 イントロダクション
●目的を共有する
●要点あるいは全体像をつげる

ここは必ずつなげる

プレゼンストーリー

3 質疑応答
●Q＆A

4 クロージング
●要点を繰り返す
●採否の期限を告げる
●お礼をのべる

自己紹介

社内や既知のお得意先では必要ないかもしれませんが、聴き手が初めてお会いする人であれば、必ず自分が何者であるかを示しておく必要があります。

あなたの経歴や所属、趣味を話すことが自己紹介ではありません。そもそも、あなたが味方であることを聴き手に認識してもらうために自己紹介があります。

プレゼンのストーリーに関係した自分自身の出来事を語りましょう。たとえばカメラの新製品のプレゼンテーションであれば、あなたとカメラにまつわる話を語ることで、プレゼンテーションに厚みが加わります。

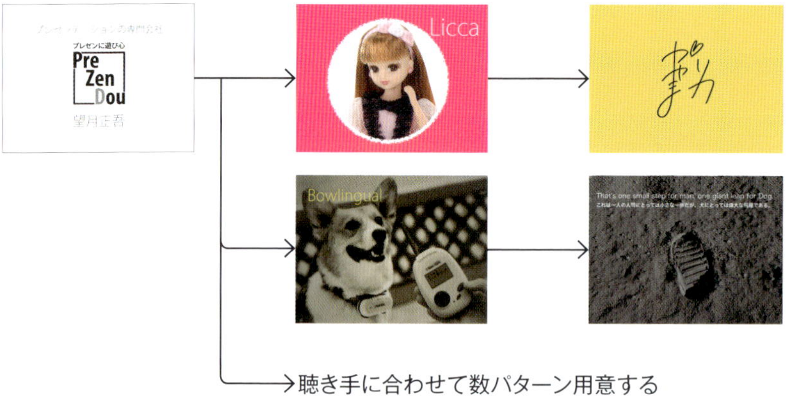

イントロダクション

聴き手とプレゼンテーションの目的を共有するための重要なパートです。イントロダクションなくしてプレゼンテーションは始まりません。社内プレゼンなどで目的が共有されている場合は、全体像や要点を話すだけの場合もあります。

質疑応答

聴き手の理解と共感を深めるために、聴き手の疑問に答えましょう。一般的には、事前に質問を想定して準備します。本編では使用しなかった追加のスライドを準備することもあります。

クロージング

プレゼンテーションの要点を繰り返し、決断を迫ります。その際、採否の期日を明確にしておくことも重要です。

最後のスライドを「ご静聴ありがとうございました」で締めるスライドをたびたび見かけますが、聴き手はあなたのお礼の言葉より先に文字を読み終えてしまうので、そのようなスライドは不要です。

ご静聴
ありがとうございました

第４章

印象を自在に操るスライドの秘密

- タイトルスライドはプレゼンの顔
- ビジュアルレイアウトの基本3パターンをおさえる
- 心に刺さるイメージを選ぶ4つのコツ
- コラム　霊はなぜ見えるのか
- 画面切り替えを効果的に使うには
- コントラスト・強調・反復で集中してもらう
- アニメーションで視線を誘導する
- コラム　なぜ「ポイントは3つに絞る」のがいいのか

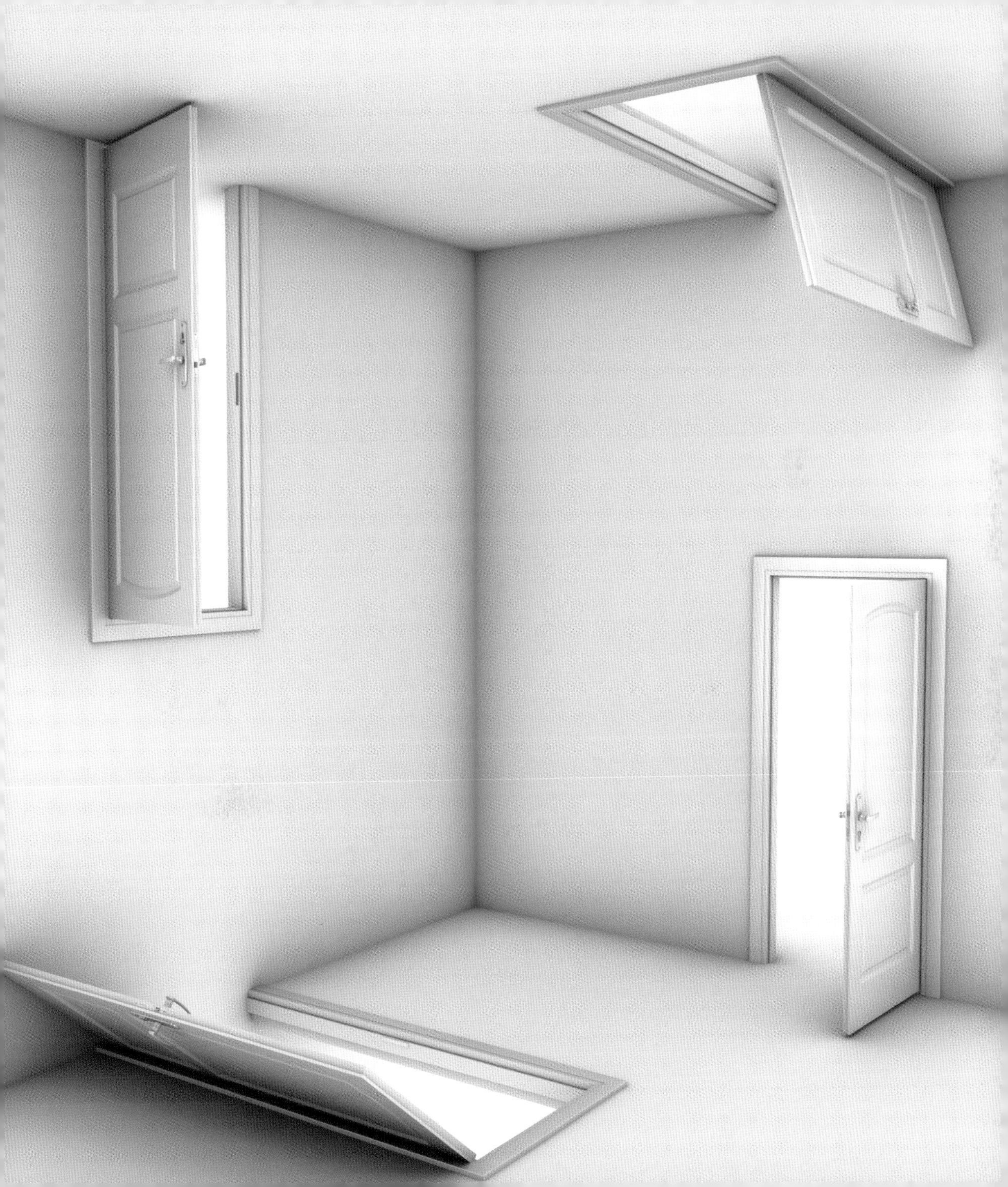

タイトルスライドはプレゼンの顔

内容を詰めて力尽きてませんか?

あなたが新規事業の担当だったとしましょう。今まで自社で開発経験のないiPhoneのアプリを年間100タイトル以上市場に導入することになりました。

提案書をつくり、プレゼンテーションの準備をしました。

完成したタイトルスライドがこれです。

iPhone アプリ開発計画
新規事業部スマホアプリチーム
2015.11.11

内容は十分練り込んで完成しました。でも、最初に映し出されるスライドがこれでは、聴き手は聞く気持ちになるでしょうか？

写真やイラストが貼り付けてあったとしても、「タイトル」と「名前」と「日付」が書いてあるだけです。これらは、プレゼンテーションに参加する人にはすでにわかっているのが普通です。内容の詰めに注力して、力が尽きてしまうのか、ほとんどの人がタイトルスライドには驚くほど無頓着です。

タイトルスライドは本の表紙と同じ

私はよく書店に行くのですが、店内をぶらぶらしているとつい手にとって中身を確認したくなる本に出会います。それは、本の表紙のなせる技です。

プレゼンテーションのタイトルスライドも、本の表紙と同じです。聴き手が話を聞きたくなるような工夫をしないのは本当にもったいないとしか言いようがありません。タイトルを工夫したり、キャッチコピーを足したり、提案の要点を盛り込んだり、さまざまな工夫をしてみましょう。

映画では、はじめに観客の興味を引く映像があって、その後にタイトルが表示されます。テレビ番組では、番組のダイジェスト映像からスタートして、視聴者の期待を盛り上げます。同じように、プレゼンテーションのタイトルスライドを考えるのはとても楽しいものです。

以下は100以上のアプリなので、水滸伝（108人の登場人物）をモチーフにしてタイトルを作ってみたものです。「アイコンを実際にiPhoneに108並べる」というイメージで感情に訴えます。

さて、どちらが話を聞く気になれるでしょうか？ 当然、水滸伝を知らない人には理解できません。聴き手が水滸伝を知っているかどうかを調査する必要はあります。また、知らない人がいることも想定して、プレゼンテーションのイントロダクションを水滸伝の話から始めるという手もあります。

ビフォー

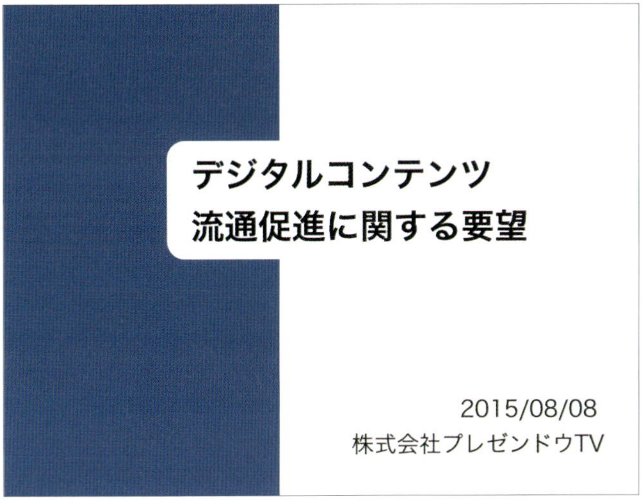

アフター

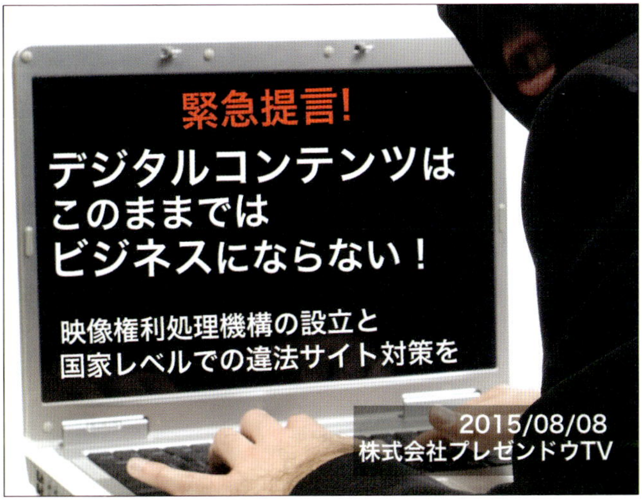

ネットに公開されていたプレゼン資料をイメージして筆者が作成したもの

タイトルスライドに効果的なフレーズやビジュアルのパターン

タイトルスライドには、以下のようなフレーズやビジュアルを加えると効果的です。

提案の要約（全体の要約、コアメッセージ）

解決すべき課題を放置しておくとおきる悲惨な未来

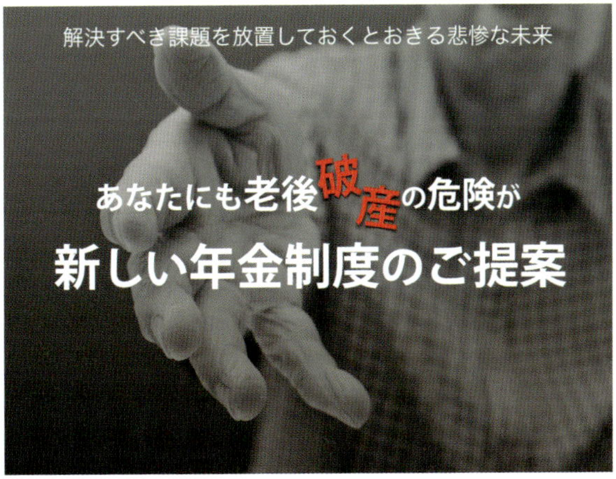

提案を実行した後に訪れる明るい未来
（ストーリーづくりのワークシートでいう未来の部分）

現在の状況に対する問いかけの言葉
（ストーリーづくりのワークシートでいう論点の部分）

プレゼンのテーマに関わる先人の警句

ビジュアルレイアウトの基本3パターンをおさえる

スライドにビジュアルを配置する場合の基本的なレイアウトは3つあります。

3のレイアウト

1. 提示のレイアウト

A(+B+C+N)=M

「(Aは)Mです。」
「MはAとBとCです。」

2 比較選択のレイアウト

AorB(orCorN)=M

「A(B)がMです。」
「MなのはA(B)です。」

3. 流れのレイアウト

A→B→C(→N)=M

「A次にBそしてC(N)です。」
「AからBに。」

A·B·C(N)はビジュアル（視覚情報）　Mはメッセージ

1. 提示のレイアウト

スライドに配置したビジュアルで、1つのメッセージを伝えます。

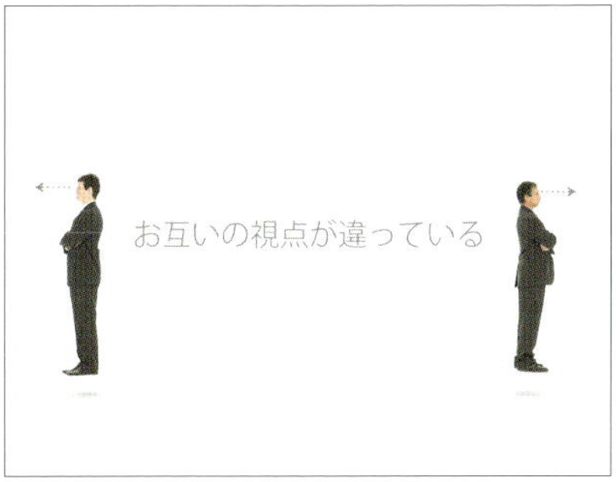

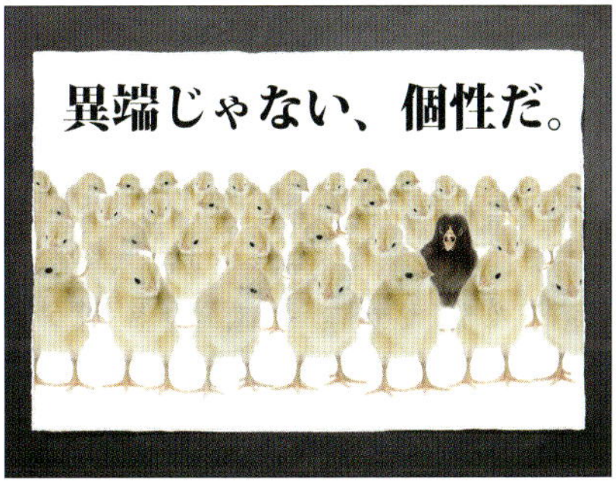

2. 比較選択のレイアウト

スライドに2つ以上のビジュアルを表示し、どれか1つを選択することで、メッセージを伝えます。選択したほうを次のスライドで1枚で見せるとより効果的です。比較のレイアウトには2種類あります。

・**対立** 表示されているビジュアルは対立しており、どちらかを選ぶことでメッセージを伝えます。

・**選択** 表示されているビジュアルは並列であり、どれかを選ぶことでメッセージを伝えます。

人はしばしば選択肢がまったくないと、躊躇して選べないことがありますが、選択肢を与えると選びやすくなります。

選択肢を3つ以上提示する場合もありますが、2つに絞ったほうがコントラストが出て、より効果的です。

3. 流れのレイアウト

表示されているビジュアルには時間の流れがあり、時間順に並んでいます。図解のフロー図と同じ使い方です。

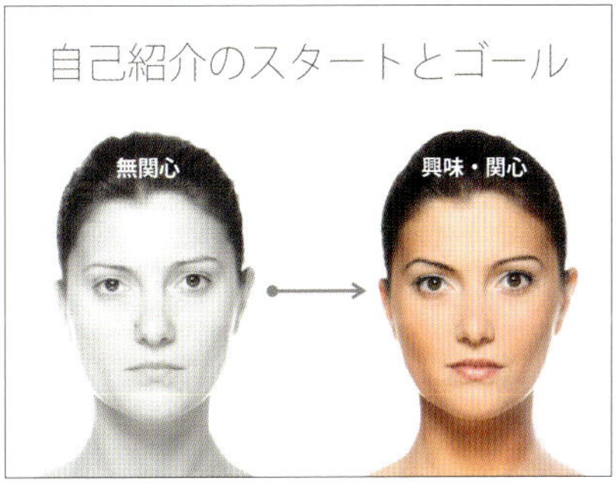

心に刺さるイメージを選ぶ
4つのコツ

1. 感情が想起できるモノ・場所・シーンのイメージを使う

人は特定の場所であったり、特定のシーンから自分の経験に基づいて、その時の感情を思い出します。たとえば、結婚式には「喜び」、お葬式には「悲しみ」といった感情をペアにすることができます。「メッセージを聞いた時に聴き手にどのような感情を抱いてもらいたいか？」を想像してイメージを選びましょう。それが聴き手にとって特別なものであれば、より効果を発揮します。

2. 感情が表れている人のイメージを使う

相手が言葉が通じない外国人でも、笑っているか怒っているかくらいはだれでもわかりますね。人の顔やしぐさには多くの感情が表れ、私たちはそこから感情を読み取っています。人は最優先で顔を認識するようにできています。

3. 見えないものを見えるものに置き換える

ブランドや概念など、見えないものを伝えたい時には、具体的に見えるものに置き換えます。具体的に見えるもので表現することで、直感的に理解することができます。聴き手の生活に身近なことや、体験に関わることのほうが、より心に刺さります。

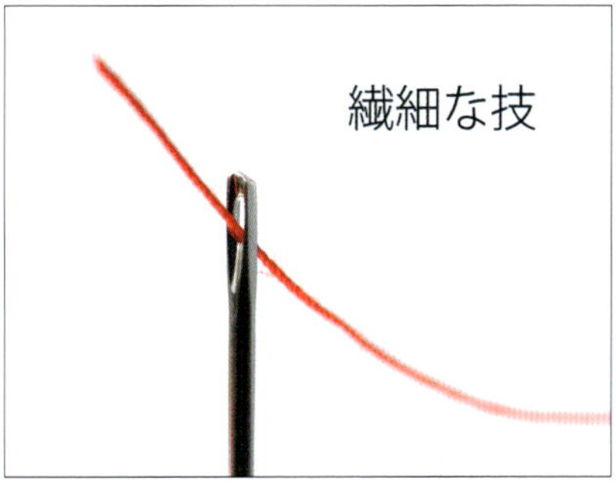

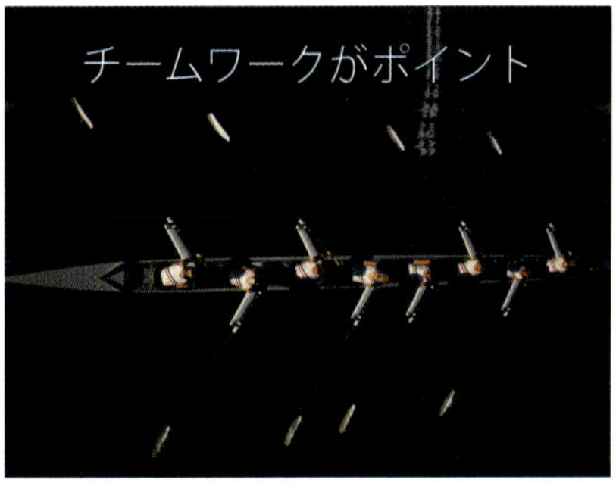

4．ポジティブとネガティブに分類しておく

メッセージには、大きく分けるとポジティブなメッセージとネガティブなメッセージの2種類があります。たとえば、売上が上昇ならポジティブ、売上が下降ならネガティブといったふうに分けます。

同じように、感情もポジティブな感情（喜・楽など）と、ネガティブな感情（怒・哀など）に分けることができます。ポジティブなメッセージにはポジティブな感情やシーン、ネガティブなメッセージにはネガティブな感情やシーンを選びましょう。普段からイメージを喜怒哀楽などの感情別に分けておく方法もありますが、大雑把にポジティブとネガティブに分けておくと、思いがけない使い方に出会えることがあります。

コラム　霊はなぜ見えるのか

心霊写真を見たことがありますか。火の玉のようなものや、モヤのようなものにはそんなに恐怖を感じませんが、人の顔が写り込んだ写真はたいへん怖いものです。霊が存在するかどうかは議論しませんが、人には霊の顔が見える理由があります。

人が生きていくために、「見る」ことは非常に重要なことでした。獲物を狩るため、果物や木の実を探すためには、見ることが必要だからです。食べ物が原因で争いが起こることもあります。「人の顔色を伺う」と言いますが、相手が敵か味方か、何を考えているのかを、顔を見て判断することは生きるうえで非常に重要だったのです。

赤ちゃんは、生後6ヶ月ごろまでは大人のようにはモノがハッキリとは見えず、ぼやけて見えているそうです。それでも、赤ちゃんは本能的に人の顔をしっかり認識しています。人は逆三角形に配置された3つの点を無意識に「人の顔」と認識するようにできています。これは「シミュラクラ現象」と呼ばれます。心霊写真の中に人の顔を見てしまうのは、これが理由です。

画面切り替えを効果的に使うには

なんのための画面切り替え効果か?

PowerPointは、初期のバージョンから比べると画面切り替えの種類がずいぶん豊富になりました。すてきなものがたくさんあり、どれを選んだら良いのか迷ってしまいます。

しかし、画面切り替え効果を使う前に考えてください。そもそも、何のために画面切り替え効果は存在するのでしょうか?

ビックリするようなダイナミックな効果もありますが、もちろん聴き手を驚かすためではありません。画面切り替えの役割は、ストーリー上の区切りとして使うことで、聴き手に「ここからは違う話なのだ」とビジュアルで示すことです。本でいう章などの区切りですね。

画面切り替えのもう1つの使い方として、メッセージの強調に使うことがあります。ただし、この場合は、スタンダードを決めたうえでないとインパクトを与えることは難しくなります。スタンダードがあるからこそ、ルールを壊したときにインパクトが出るのです。

通常は切り替えなしか「フェード」で

スライド間で使う画面切り替えのスタンダードを決めておくと、異なる画面切り替えのときには、聴き手は「ここで話が変わるんだ」と理解することができます。そのためには、通常のスライド間では画面切り替えを使わないでおいたり、フェードなどの穏やかな画面切り替え効果にしておくほうが、画面切り替えの効果を活かすことができます。

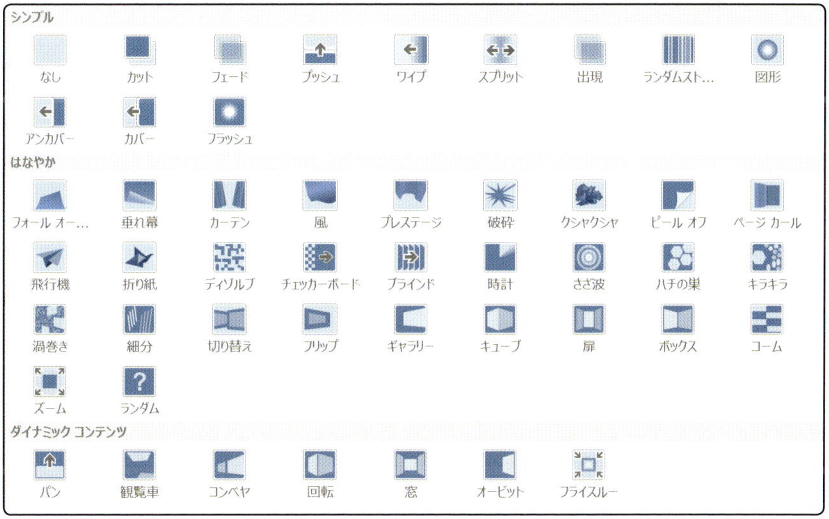

スライドをつなげる使い方

画面切り替えの中には、スライド同士をつなげる使い方ができるものが2つあります。「プッシュ」と「キューブ」です。これらを使えば、1枚のスライドには収まらない大きなシーンを表現することができます。P.167から、写真を使った場合のつなげ方のテクニックを説明してありますので、参考にしてください。

プッシュでつなげたスライド

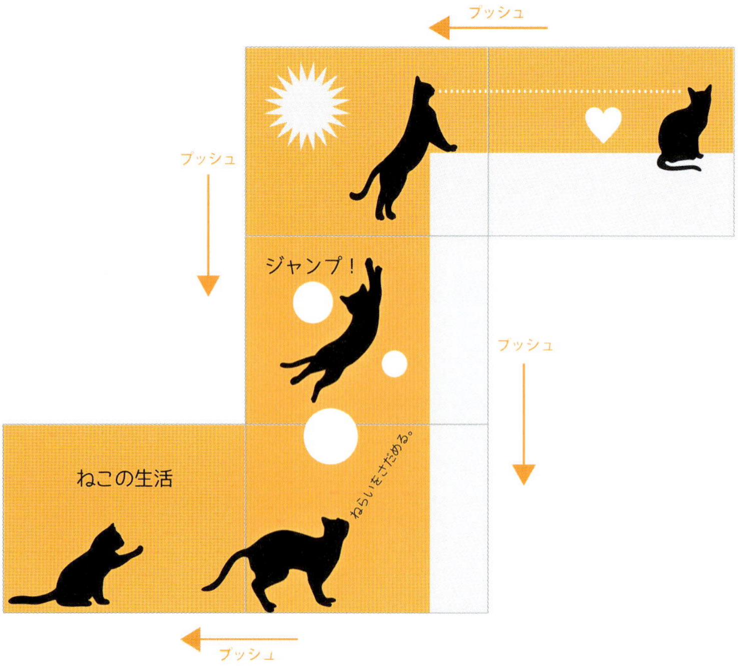

ダイナミックコンテンツは同じマスタースライドでしか効果を発揮できない

画面切り替えの一番下に、「ダイナミックコンテンツ」というものがあります。通常の画面切り替えはスライド全体に効果が発生しますが、ダイナミックコンテンツの場合、背景は固定されて配置したオブジェクトだけに効果が適用されます。同じマスタースライドのスライド間に適用することで、マスタースライドに配置された文字やオブジェクトは固定され、新たに配置した文字やオブジェクトだけが動くので、アニメーションと同じような効果がかんたんに得られます。

ただし、スライドの全面を覆うような写真や図形を配置した場合は、通常の画面切り替えと同じような動きになってしまいます。たとえば、ダイナミックコンテンツのパンはプッシュと同じ効果に、回転はキューブと同じ効果になります。P.177ではダイナミックコンテンツのちょっと変わった使い方を解説していますので、一度チャレンジしてみてください。

コントラスト・強調・反復で集中してもらう

プレゼンテーションに集中してもらうには

人は毎日同じものを食べていると飽きてしまいます。これは食物に限らず、すべてにおいて言えることです。悲しいかな、人間は飽きる動物なのです。プレゼンテーションでも、同じようなスライドが続くと、聴き手は飽きてしまい、集中力が続きません。このことは「ストーリー」でも「話し方」でも同様です。

集中してもらうためのポイントは3つあります。

1. コントラストをつける

同じようなスライドが続くようであれば、メリハリをつけましょう。スライドのレイアウト、色、書体といったデザインスタイルは一貫性を保つことで、聴き手が理解する負担を軽減し、伝わりやすくしてくれます。

もし、同じようなスライドが続いてしまう場合は、デザインスタイルのルールを破ることでコントラストをつけることができます。

2. 重要なポイントを強調する

コントラストは「集中力が途切れないようにするために変化をつける」ということですが、そもそも重要なポイントは前後のスライドとは明確に差をつけて、強調する必要があります。

3. 繰り返して記憶に焼き付ける

繰り返すことで、結果的に強調することになります。重要なキーワードであればすべてのスライドに表示する、あるいは話の切り替わりの扉に毎回表示する、といった方法があります。

集中できないスライド

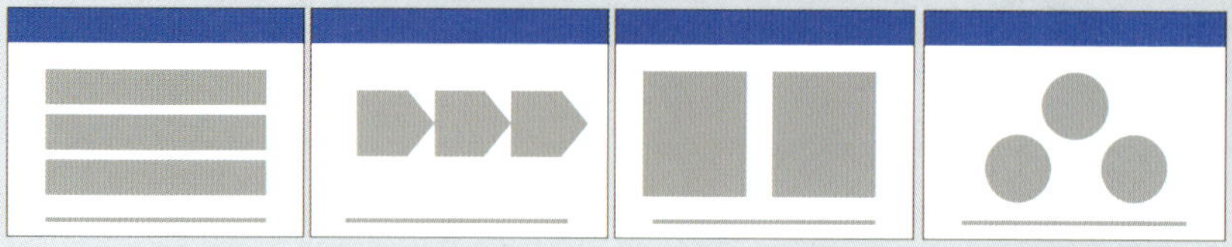

コントラストをつける

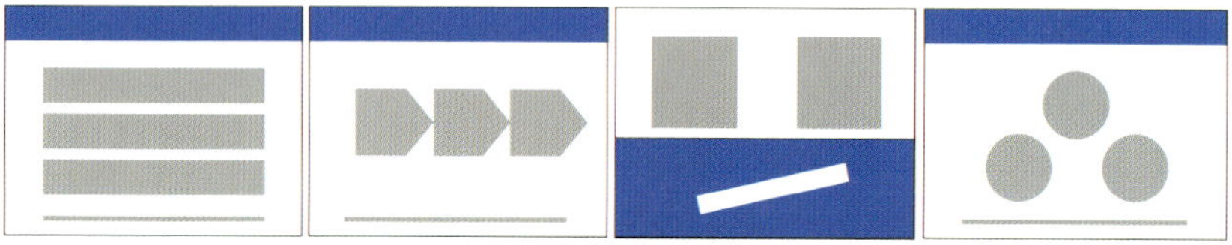

強調する

反復する　スライドすべてにキーワードを表示する

反復する　話が切り替わる扉にキーワードを表示する

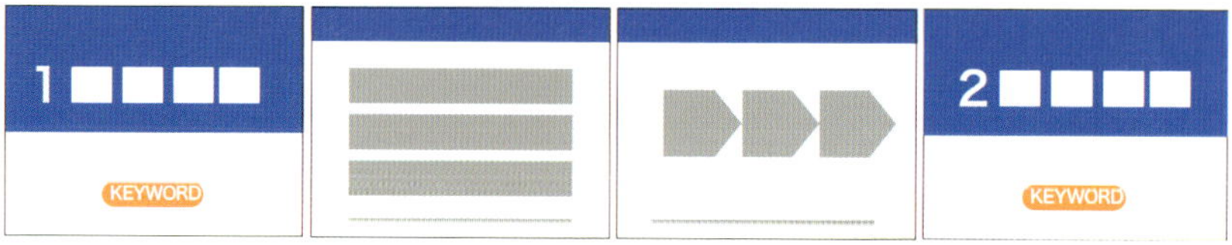

集中できないスライド

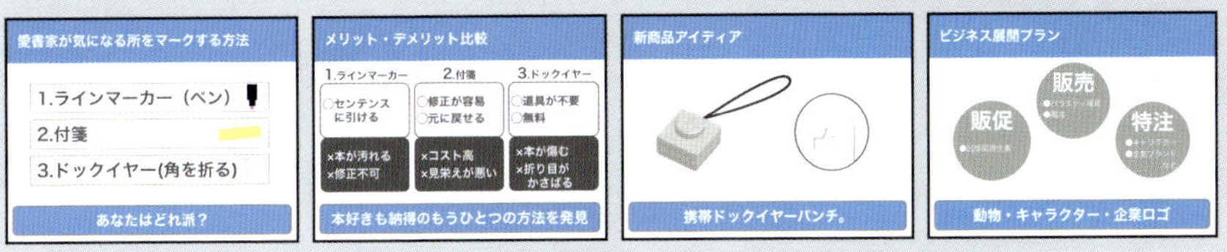

コントラストをつける

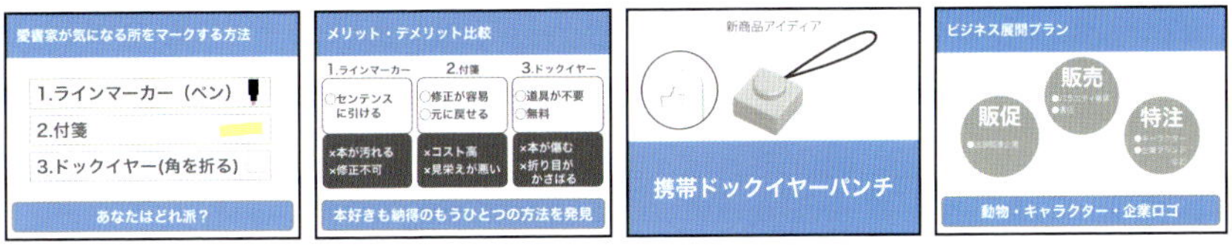

強調する

反復するキーワードの例

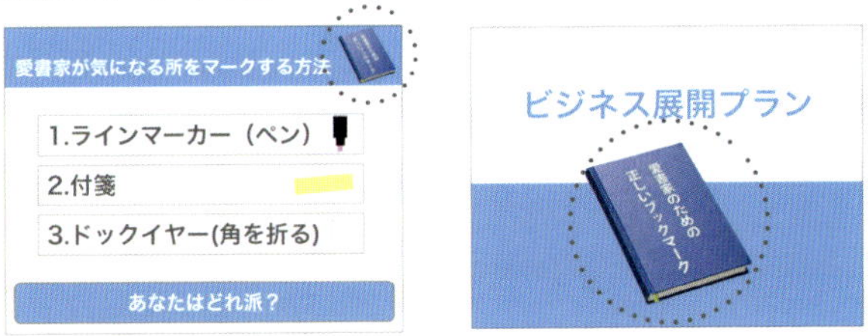

アニメーションで視線を誘導する

インパクトがあるようで、
あっという間に飽きて、イラッとくる

PowerPointでアニメーションを使えるようになると、PowerPointの上級者になったような気になってしまいます。私も、アニメーションを覚えたてのころは、使うことが楽しいので、特に考えもしないで使っていました。しかし、人間とい

うのは本当に飽きっぽい動物で、アニメーションを最初に見た時はインパクトがあるのですが、何回も見せられるうちにあっという間に飽きてしまいます。

配布資料をそのままスライドとして使用した場合は、もっと悲惨なことが起きます。聴き手は手元の資料を先に読んでしまいますから、「わかっていることをアニメーションが終わるまで待っていなければならない」というバカげた状態になります。当然、聴き手はイライラし始めます。次のページを読み出し、あなたの話は聞いてくれません。アニメーションは必要がなければむしろ使わないほうが良いと言えます。

なんのためのアニメーション?

では、なぜアニメーションが存在するのでしょうか？

それは、聴き手の視線を誘導するためです。人は、動くものに視線がいきます。聴き手に注目してもらいたいものがあるときは、アニメーションを使うと、そこに注目してもらえます。頻繁にアニメーションを使用するのは、逆に「注目してもらいたいものはありません」と言っているのと同じです。

アニメーションを使うときは、「なぜ、アニメーションを使うのか？」を自分なりに考えてください。答えられないならば使わないことです。

PowerPointのアニメーション

PowerPointのアニメーションには［開始］［強調］［終了］［アニメーションの軌跡］の４種類があります。バージョンやOSによって多少異なりますが、全部で100以上あります。こんなに種類がありますが、私の場合は移動、固定、変形の3つに分類することで整理しています。

移動

おもに図形やテキストの場所が移動するもの。変形しながら移動するものや、アニメーションの軌跡も、ここに分類しています。

→スライド（イン・アウト）、ムーブ（イン・アウト）、ワイプなど

固定

おもにその場で出現したり消えたりするもの。その場で回転したりするものもここに分類します。

→ディゾルブ（イン・アウト）、フェード（イン・アウト）など

変形

おもに図形やテキストの大きさや形が変わるもの。一番使い勝手がいいのはベーシックズームです。

→ベーシックズーム、ベーシックターンなど

通常は［開始］のフェードイン（固定）、スライドイン（移動）の2種類のアニメーションで大方は事足りてしまいます。いろんな種類を使うよりも、スタンダードを決めておくことがポイントです。

P.180に、「直感で覚えるPowerPointアニメーション」の表をつけましたので参考にしてください。

ステップで1つずつ説明する

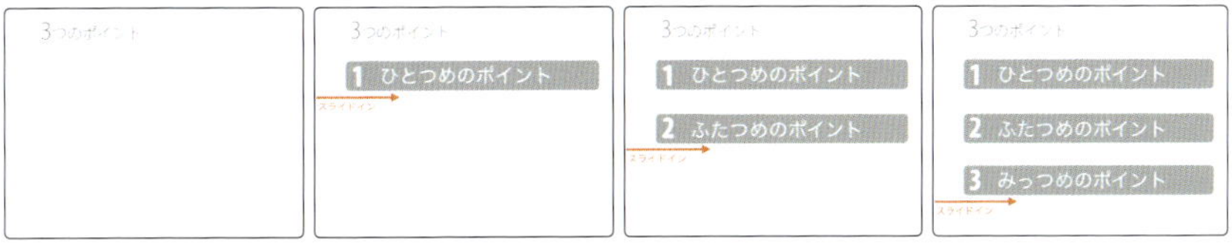

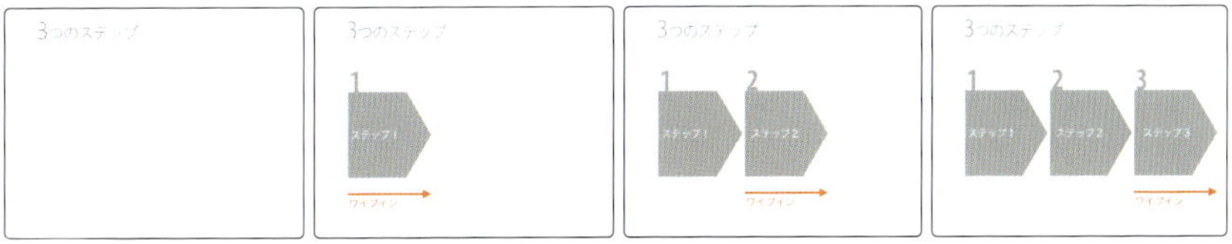

全体像を示し、詳細を説明する

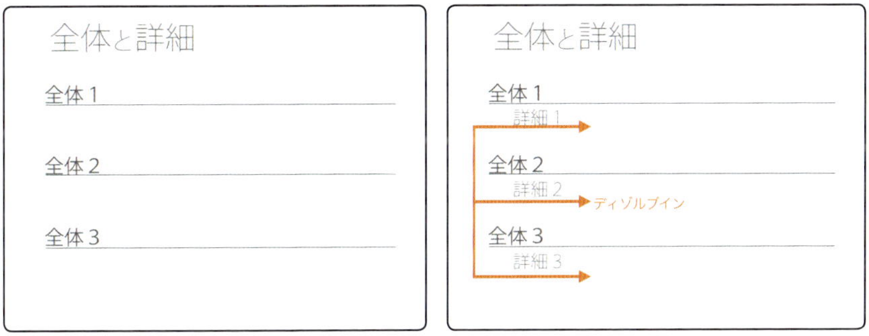

プレゼンテーションづくり
3つのステップ

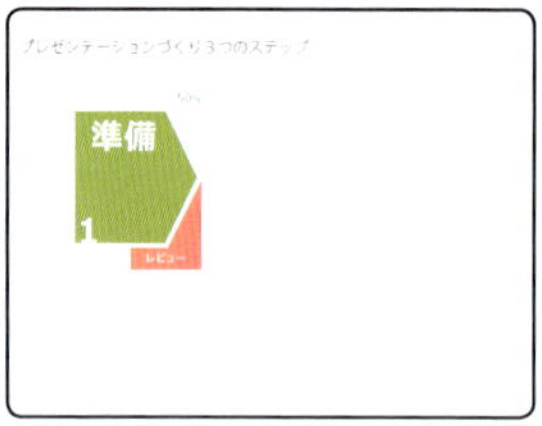
プレゼンテーションづくり3つのステップ
準備
1
レビュー

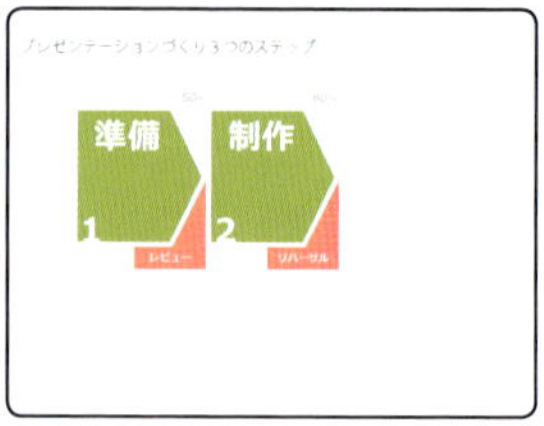
プレゼンテーションづくり3つのステップ
準備
1
レビュー
制作
2
リハーサル

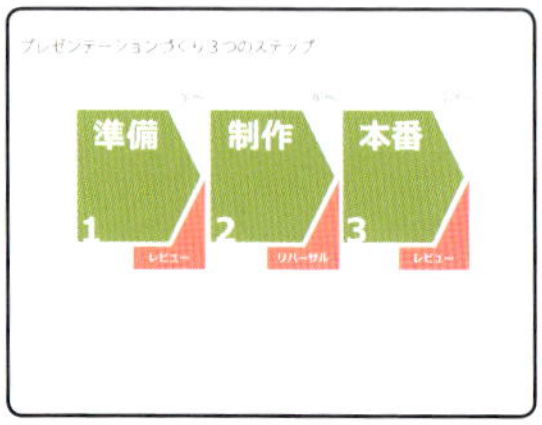
プレゼンテーションづくり3つのステップ
準備
1
レビュー
制作
2
リハーサル
本番
3
レビュー

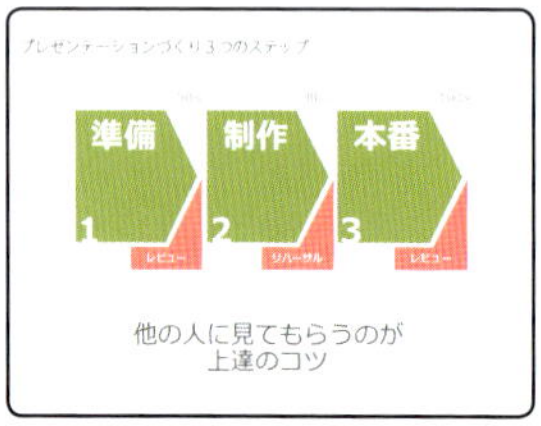
プレゼンテーションづくり3つのステップ
準備
1
レビュー
制作
2
リハーサル
本番
3
レビュー
他の人に見てもらうのが
上達のコツ

技
心
体

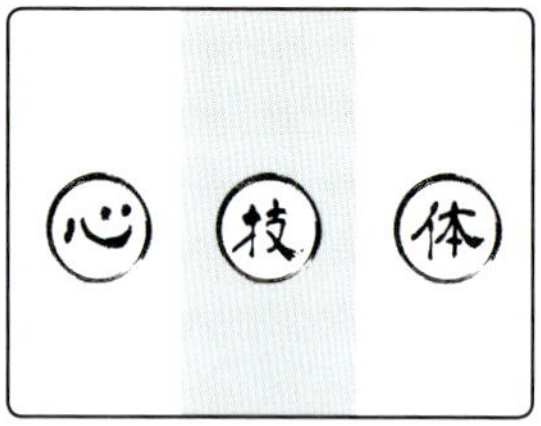
心
技
体

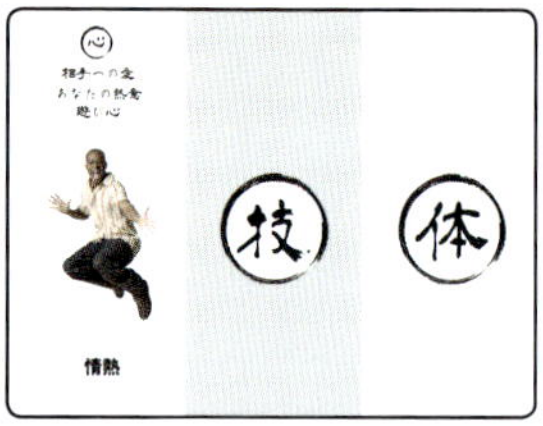
心
相手への愛
あなたの熱意
聴く心
情熱
技
体

心
相手への愛
あなたの熱意
聴く心
情熱
技
論理的
シンプル
記憶に残る
わかりやすさ
体

心
相手への愛
あなたの熱意
聴く心
情熱
技
論理的
シンプル
記憶に残る
わかりやすさ
体
豊かな表情
声のリズム
身ぶり手ぶり
信頼感

コラム　なぜ「ポイントは3つに絞る」のがいいのか

プレゼンの極意として、「ポイントは3つに絞る」ということがよく言われます。プレゼンテーションの視点で、どうして3つなのかを考えてみましょう。

「記憶」の視点から考えてみる

よく引き合いに出されるのは「マジカルナンバー7±2」、つまり人が短期記憶で保持できるのは7前後（7±2）という理論です。さらに、数字だと7つ、文字だと6つ、単語だと5つと言われるので、文章だったら4以下だろうと考えることができそうです。

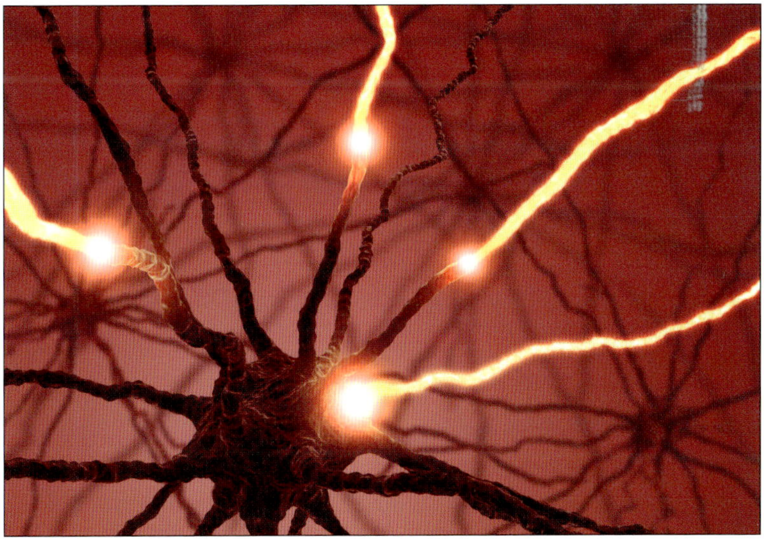

「見る」という視点から考えてみる

ここで、ちょっと違う視点から見てみましょう。次のスライドを見て、右から順番に☆がいくつあるか数えてください。

いかがですか。①③のときと②④のときでは何か違いを感じませんか。

じつは、この2つは脳の受け止め方が違います。前者は、見て瞬時にいくつあるかわかったはずです。ところが、後者は頭の中で数えませんでしたか。

人は、4つまでは瞬時にいくつあるか判断できます。そのことを「サビタイジング」といいます。5つ以上は「カウンティング」といって、数えないといくつあるか判断できないのです。「見る」という視点からも、4以下のほうが脳が喜んでくれることがわかりました。

それでも3つがベストな理由

どうも、「記憶」という視点からも「見る」という視点からも、4つ以下ならよさそうです。それでも、プレゼンテーションでは4つではなくて3つのほうが都合がいい理由があります。それは「はじめに、次に、最後に」とリズミカルに話せるからです。

4つの場合は「はじめに……、次に……、それから……、最後に……」か「1番目は……2番目は……、3番目は……、最後は……」という具合で2番と3番の印象が薄まり、全体にダラダラした印象を受けます。言葉だけでスライド画面のどこの説明をしているかを示すときも、4つのときは2番目と3番目が2通りの言い方があるので、見ている人が一瞬混乱します。

もともと、3という数字は「調和」を表していると言われます。4は2つに分けることができてしまいますから不安定な感じがありますし、日本では不吉な数字の代表でもあります。オリンピックでも、メダルは金・銀・銅の3つですね。プレゼンのポイントは3つに絞るです。

第5章

人を動かす話し方のポイント

・自分らしくないと本当のキモチは伝わらない

・目で会話しよう

・イキイキと感じる話し方にするには

・信頼が場をつくる

・コラム　プレゼンは通ってからが本番!

自分らしくないと
本当のキモチは伝わらない

もしも世界中の人が全員
教科書どおりの話し方をしたら

どんなに学習訓練して、正しいプレゼンテーションのスキルを獲得しても、あなた自身が望んでいないことはあなた自身の個性にはなりえません。そこにはあなたらしくない、“どこかで見たことのあるプレゼンター”がいるだけです。
　ちょっと想像してみてください。あなたの知っているほのぼのキャラクターの人が今まで聞いたこともないようなハキハキとした話し方で話したり、見たこともない身振り手振りをしたら。あなたはどう感じるでしょう？
　プレゼンテーションの話し方にはスタンダードがありますが、優先すべきは「あなたらしさが表れているかどうか」です。最低限、声は聞こえないといけませんが、無理に普段やったこともないボディアクションなどをする必要はありません。すべての人が教科書どおりにプレゼンテーションをするようになったら、世界中に同じようなプレゼンテーションがあふれかえってしまいます。

読み原稿は使わず、暗記もしない

　結婚式のスピーチや弁論大会などでは、スピーチ原稿を本番まで暗記し、それでも心配なので原稿を書いた紙を手に持って、本番に臨むことが多いでしょう。しかし、もしあなたがプレゼンテーションで読み原稿を用意しているなら、すぐにやめましょう。
　プレゼンテーションは、コミュニケーションの1つです。読み原稿を用意するということは、だれかと話す時に自分のセリフだけの台本を用意しているようなものです。それでは相手とのコミュニケーションは成立しません。ましてや暗記などしようものなら、忘れたときには立ち往生することになります。また原稿を暗記すると、不意の質問や不慮のトラブルに対応もできません。
　テレビの記者会見などを見れば、読み原稿を用意すると感情がこもらず棒読みになってしまうことは明らかです。プレゼンテーションでは読み原稿は使わず、暗記もせず、いつものように話すのがポイントです。

ストーリーを自分のものにしよう

「読み原稿がないと、話す自信がない」と思うかもしれません。でも考えてもみてください。あなたが必死に考えて作った企画提案書・スライドならば、読み原稿がなくてもストーリーを話すことができるようになっているはずです。もし、それでもできないというのならば、それはストーリーがきちんとできていない証拠です。

話の流れを確認するために読み原稿を作ってみるのは悪いことではありません。流れのおかしいところがあれば自分で気づくことができますし、リハーサルができないときでも人に読んでもらって確認することができます。ただし、本番に持っていくことはやめましょう。話のポイントを忘れないように書いたメモで十分です。

目で会話しよう

はじめてのコミュニケーションは「視線」

赤ちゃんは、言葉がしゃべれなくても、視線でコミュニケーションします。たとえば、お母さんと赤ちゃんがいて、赤ちゃんがネコを見て指差したとしましょう。すると、その後に赤ちゃんはお母さんの視線がネコに向かうのを確認するのだそうです。

①赤ちゃんがネコを見て（頭にネコの像を思い浮かべて）ネコを指差す。
②お母さんが指差したほうを見てネコを確認する（頭にネコの像を思い浮かべる）。
③赤ちゃんはお母さんの視線（ネコのほうを見たかどうか）を確認する。

このことは言葉を覚える仕組みになっているそうです。「目は心の窓」と言われるように、目にはさまざまな感情が表れます。

アイコンタクトはだれのためにあるのか

「アイコンタクトをしないと不誠実に見える」

「目を見て話したほうがキモチが通じる」

そんなことがよく言われます。私も「アイコンタクトがうまくできない人はワンセンテンスに1人ずつアイコンタクトしましょう」と教えられ、そのとおり実施していました。

でも、よく考えてみると少しおかしいのですね。聴き手が10人程度ならいいのですが、50人だったらどうしますか？　1000人いたらと考えると、わけがわからなくなってしまいます。今では、「アイコンタクトはプレゼンターのためにある」と思っています。

アイコンタクトの3つの意味

プレゼンターにとって、アイコンタクトには3つの意味があります。

1. 聴き手の反応をリサーチする

だれが話を聴いてくれているのか。

だれが今話している話題に興味を持ってくれたのか。

あなたに向けられた視線で、状況を判断できます。興味を持っていない人はまちがいなくあなたと視線が合いませんから、質問を投げかけたり、話題を変えたりして、興味を持ってもらえるように軌道修正することができます。

2. 普段の話し方で話しやすくなる

普段、人と会話するときは、相手の目を見て話すでしょう。あなたに視線を向けている人だけでいいですから、目を見て話してください。話し方が自然になるはずです。

3. 自分の味方を見つける

あなたのほうを見て、話に頷いてくれる人を探してみてください。きっと1人はいるはずです（もしだれもいないようなら、残念ながらプレゼンテーションは失敗です）。

そう、その人はあなたの味方です。あなたの今日のプレゼンテーションの力となってくれます。

イキイキと感じる話し方にするには

映像が頭に浮かぶように語ろう

「キラキラ」「ドキドキ」など状態や気持ちを文字で表現したものを「擬態語」、「ドンドン」「ガタン」など音が出るものの音を文字にしたものを「擬音語」と呼びます。擬態語と擬音語のことを「オノマトペ」と言います。

オノマトペは、幼稚園の紙芝居や絵本の読み聞かせなどでは子どもたちを物語に引き込む大きな役割を果たしています。プレゼンテーションでも、聴き手のイメージを促進する手段として効果的です。

・**目に見えない感情を伝えることができる** イライラ、ムカムカ
・**細かいニュアンスを伝えることができる** ふんわり、とろとろ
・**脳の中で疑似体験をつくることができる** フワフワ、コチコチ

コントラスト・強調・反復と間がリズムをつくる

平坦な話し方には感情が感じられません。昔のSF映画でのロボットの話し方がまさにそれです。プレゼンテーションでは、話し方にリズムがあるとイキイキと感じられます。感情を込めると自然とリズムが出てくるのですが、そのためにはどうすればいいのでしょうか。

答えは、コントラスト・強調・反復を活用することです。

・**コントラスト** 声の大きさ・話す速度で差をつける
・**強調** 大きな声で話す、ゆっくり話す
・**反復** フレーズを繰り返す

あわせて重要なのが、「間」の使い方です。「間」には3つの役割があります。

・話の節目をつくる
・聴き手に考える時間を与える
・次の話への期待感を喚起する

「間」とコントラスト・強調・反復を組み合わせることで、イキイキとした、リズムのある話し方となり、聴き手のイメージを促進するのです。

信頼が場をつくる

あなたはスティーブ・ジョブズにはなれない

スティーブ・ジョブズはプレゼンテーションの名人だと言われています。ジョブズのプレゼンテーションに関する書籍を読んで勉強する人はたくさんいらっしゃいます。でも、普通のビジネスパーソンはジョブズのようになれません。

ジョブズの基調講演を聴きにくる人は、聴くために入場料を払っています(無料あるいは会社負担の人もいますが)。「ジョブズの話を聴きたい」というスタンスで参加しているということです。お気に入りの映画やライブを見に行くのと同じですね。つまり、プレゼンテーションが始まる前から、聴きたい人と話したい人の「場」（関係）が出来上がっているのです。

そして、ジョブズは決して期待を裏切りません。ジョブズ自身がメッセージになっているのですから、どんなメッセージも聴衆にとってはOK。プレゼンターと聴衆に信頼関係がある限り、聴衆はどんなプレゼンテーションでも楽しめてしまいます。いつものビジネスプレゼンテーションでこんなことはなかなかありません。

聴き手のことを調べないのは、知らない相手にラブレターを送るのと同じこと

私はこのような状態を「場が出来上がっている」と呼んでいます。この「場」づくりがプレゼンテーションに最も大事なことの１つです。

プレゼンテーションは、実際にあなたが聴き手の前で話している時間だけで完結するわけではありません。その前からプレゼンは始まっているのです。顔見知りの得意先であれば、普段からの担当者との関係づくりがプレゼンの成果を左右します。担当者を事前に味方にできていなければ、プレゼンは大方失敗します。それは考えなくてもわかります。

はじめてのお得意先であっても、相手がどんな人なのか、どのような状況にいるのか、事前に調べていますか？　まさか相手の会社のことさえ調べていないということはないですよね。すべてのことはわからないにせよ、事前に調べる努力をしないのは、知らない相手にラブレターを送るようなものです。

プレゼンテーションは「1回きりで終わり」というものではありません。相手とのコミュニケーションを通じて、常にプレゼンテーションの最適な「場」づくりをする努力を忘れないでください。あなた自身のブランドを伝え続ける努力を惜しまないこと。相手からのあなたへの日々の「信頼」が、プレゼンテーションの「場」をつくってくれます。

コラム　プレゼンは通ってからが本番！

プレゼンテーションの聴き手には登場人物が３人いることを認識して臨みましょう。ひとりは決済者、企画提案の採否を決める意思決定者です。次に実行者、企画提案が採用されたら実際に実行する人。最後に金庫番、企画提案の予算をコントロールしている人です。3人が同一人物の場合もありますし、2つを兼ねている場合もあります。

プレゼンが無事終了し、企画提案にGOが出たからといって、安心してはいられません。

本当の仕事はここから始まります。もちろん、決済者のGOの意思決定がなければスタートできません。しかしながら、企画の実行者と予算をコントロールする金庫番の共感がなければ結局、企画提案を具体的に進めるのに苦労します。計画が思ったように進まなかったり予算が削られたり、元の企画提案とはまったく違ったものになってしまうかもしれません。

企画提案が実際に実現されなければ“プレゼンはなかったと同じこと”です。決済者だけに目を向けてプレゼンを通すことだけに目を奪われていると結局プレゼン自体が意味のないものになってしまいます。

「プレゼンは通ってからが本番」

このことを忘れないでください。

プレゼンの登場人物記入シート

1.登場人物

決済者

名前

性別　　年齢　　才

実行者

名前

性別　　年齢　　才

金庫番

名前

性別　　年齢　　才

影の大物

名前

性別　　年齢　　才

第6章

イメージを形にするPowerPointの使い方

- 世界一シンプルな使い方
- 2つの心構え
- 3つの前準備
- 3つの最重要コマンド
- 文字を見やすくする
- 注目させるには
- ピクトグラムを作るには
- スライドをつなげる（縦）
- スライドをつなげる（横）
- きせかえピクトグラム

世界一シンプルな使い方

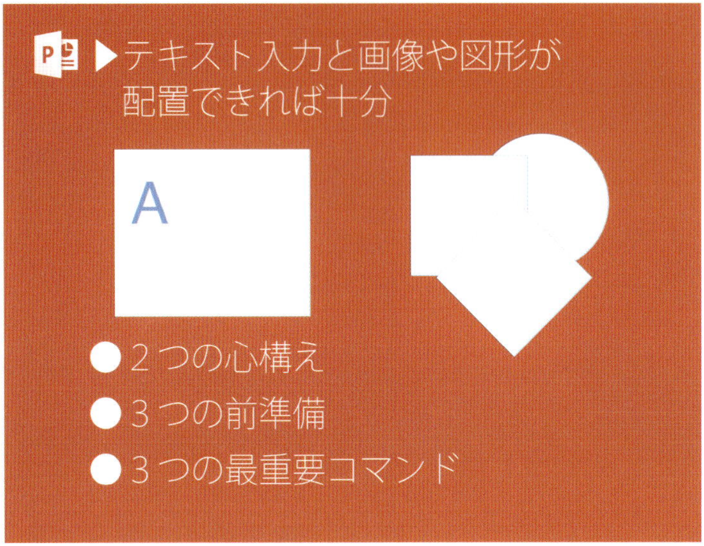

PowerPointは、最近のバージョンではグラフィック編集ソフトが不要なほど高機能になっています。初心者には、メニューがたくさんあってとっつきにくい感じがあるかもしれませんが、ビジュアルプレゼンテーションの考え方で言えば、たった2つのことができれば十分です。

・テキストが入力できる
・図形と画像などのビジュアルが配置できる

そのうえで、以下を身につけると、飛躍的に作業効率が上がります。

・2つの心構え　・3つの前準備　・3つの最重要コマンド

テキストを入力する

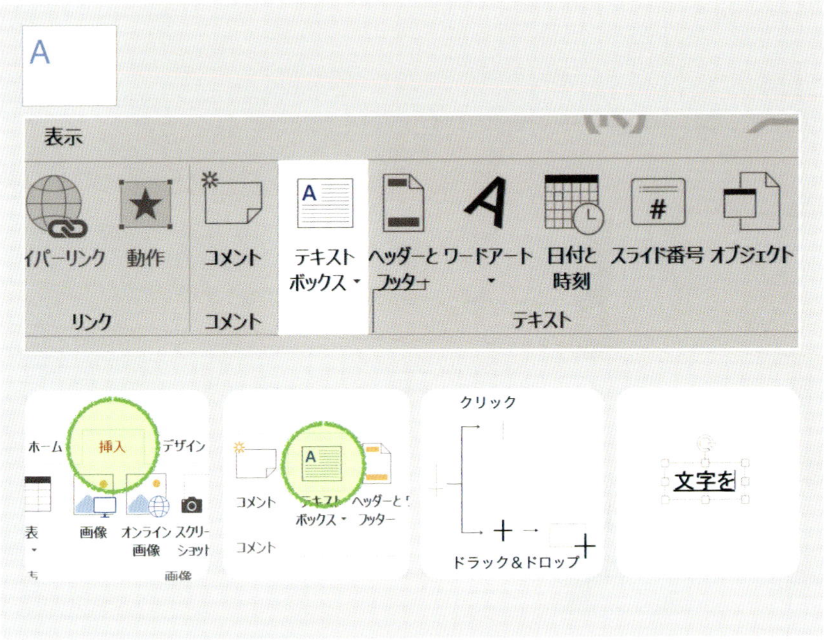

新しく文字を入力するには、［挿入］→［テキストボックス］を選択して、横書きが縦書を選びます。一般的には横書きでいいでしょう。

任意の場所でクリックすると、テキストを入力できます。ドラッグ&ドロップでテキストボックスを作ってから入力することも可能です。

フォントサイズは一般に40ポイント前後と言われますが、文字の種類や会場の大きさやプロジェクターの性能にも左右されます。見出しやメッセージでは最低でも30ポイントはほしいところです。

図形と画像を配置する

［挿入］→［図形］もしくは［画像］などを選択して、配置する図形や画像を選択して配置します。

2つの心構え

1．企画提案書とスライドは別

すでに本文でお話ししているとおり、企画提案書とプレゼンテーションのスライドは別のものです。スライドはシンプルにいくつかのビジュアルと短いテキストをレイアウトするだけと考えれば、スライドをつくることはそんなに苦労はしません。

2．テンプレートは使用しない

そして、何よりもPowerPointに付属のテンプレートを使用しないこと。ほとんどが企画提案書のパターンでつくられていますし、見る側もどこかで見たデザインのスライドを見せられるのでインパクトが目減りしてしまいます。スライドづくりは白紙から始めるか、自分のオリジナルのテンプレートで作りましょう。

オリジナルテンプレートを作るときのヒントは「PowerPoint テンプレートを作成する」で検索してみてください。

3つの前準備

1. デフォルトのフォントを変更する

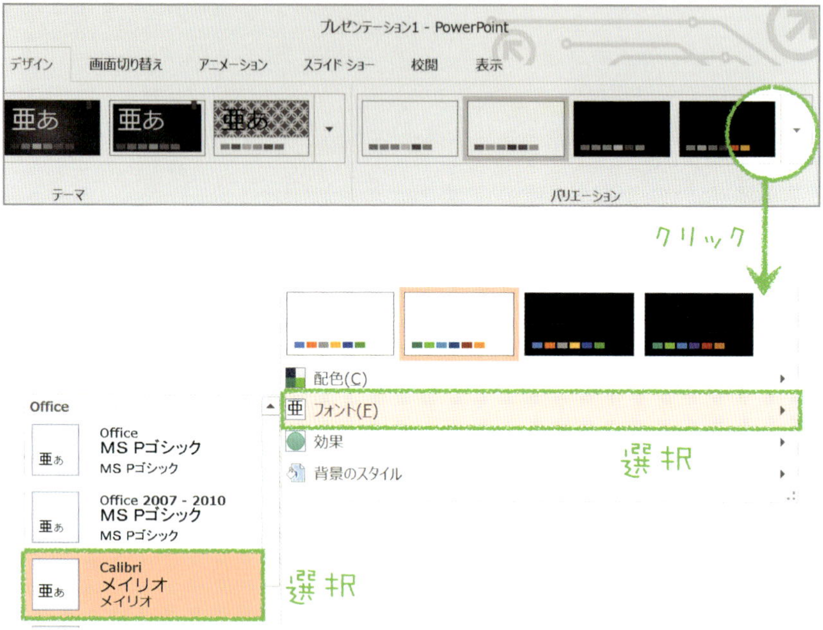

Windows付属の日本語フォントでは、メイリオがスクリーンに映した時に一番美しく見やすいフォントです。

［デザイン］→［バリエーション］→［フォント］でメイリオを選びます。オリジナルのテンプレートにも設定しておくといいでしょう。

古いOSではメイリオがありませんが、以下のURLからダウンロードして使うことが可能です。

http://www.microsoft.com/ja-jp/download/details.aspx?id=10550

2. ショートカットを覚える

- Ctrl + A　全て選択
- Ctrl + D　複製
- Ctrl + S　保存
- Ctrl + E　テキスト中央揃え
- Ctrl + L　テキスト左揃え
- Ctrl + R　テキスト右揃え
- Ctrl + C　コピー
- Ctrl + V　ペースト
- Ctrl + X　カット
- Ctrl + Z　元に戻す
- Ctrl + Y　繰り返し
- Ctrl + G　グループ化
- ⇧ Ctrl + G　グループ化解除

ショートカットとはキーボード操作で作業することです。コピー・ペースト・カットの３つは常識です。覚えるほどに作業効率が上がります。

3. クイックアクセスツールバーに好きなコマンドを追加する

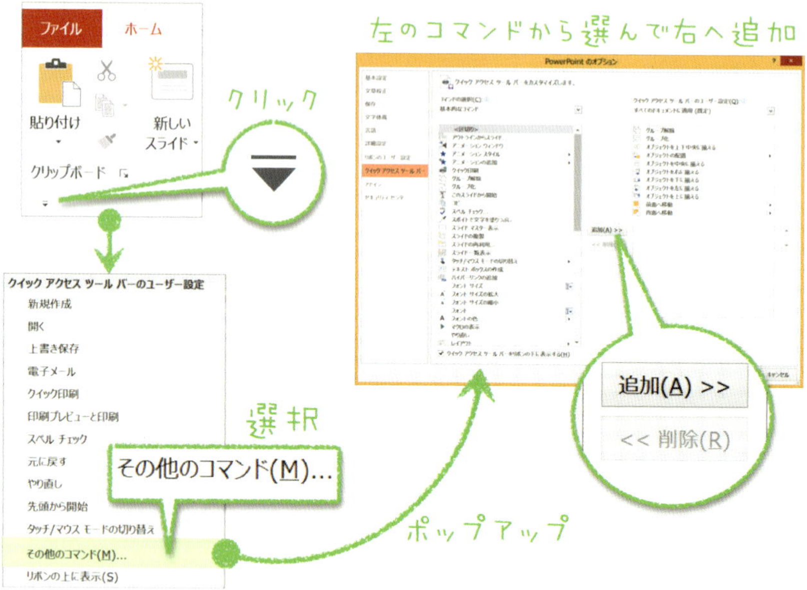

リボン（コマンドやその他のメニュー項目が含まれたタブ形式のバー）の下にあるクイックアクセスツールバーには、自分が頻繁に使うコマンドを登録できます。最低限、次の「3つの最重要コマンド」で紹介するコマンドは追加しておいてください。

3つの最重要コマンド

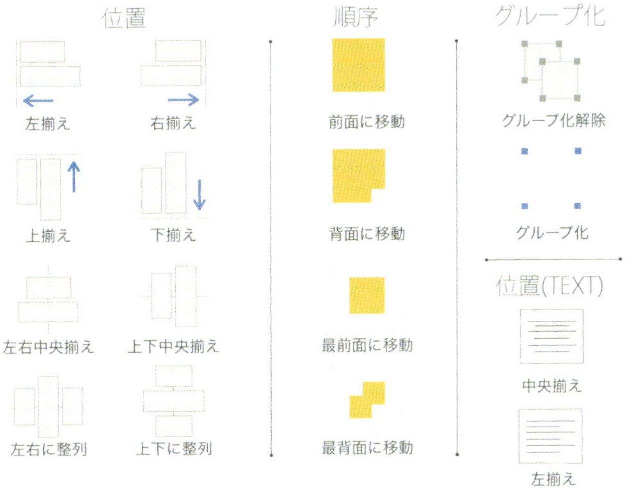

1. 位置

テキストとビジュアルをきれいに揃えるためのコマンドです。左揃えにしたり、縦や横に均等に並べたりして、スライド内をスッキリきれいにします。

2. 順序

前後の順番を入れ替えるコマンドです。テキストやビジュアルは配置した順番で前後関係が決まってしまうので、このコマンドで前後を入れ替えます。

3. グループ化

グループ化しておくことで、せっかくきれいにレイアウトしたものをうっかり崩してしまう心配がなくなります。また、移動なども楽になります。

文字を見やすくする

PowerPointには［ワードアート］や［文字の効果］などの文字を加工する機能がありますが、見づらくなるだけなので、基本的には使わないほうが無難です。ドロップシャドウ（影）を頻繁に使う人がいますが、画面では多少カッコよく見えても、プリントされることを考えるとおすすめできません。使うのは、背景との関係で文字が認識しづらくなってしまった時だけにしておきましょう。

以下の右の黒の文字は、背景の色と文字の色が混じり合って、読み取ることが困難です。左の白の文字は読み取れますが、背景にさまざまな色が混じっている場合は、どんな色を使っても読みづらくなることがあります。

これは［文字の輪郭］を設定したものです。輪郭がある程度太いほうが見やすいのですが、太くしすぎると内側にも侵食して文字が見苦しくなるので、細い書体の文字には向いていません。

［文字の効果］の［光彩］を適用したものです。［光彩］のオプションで［透明度］を0にして、サイズを調整しながら設定します。どうしてもまわりが少しボケるので、デザインによっては合わないものも出てきます。

［文字の輪郭］で輪郭をかなり太くしたものに、輪郭を設定しない同じ文字を重ねたものです。この方法だと［文字の輪郭］だけと違い、細い書体でもきれいに見えます。

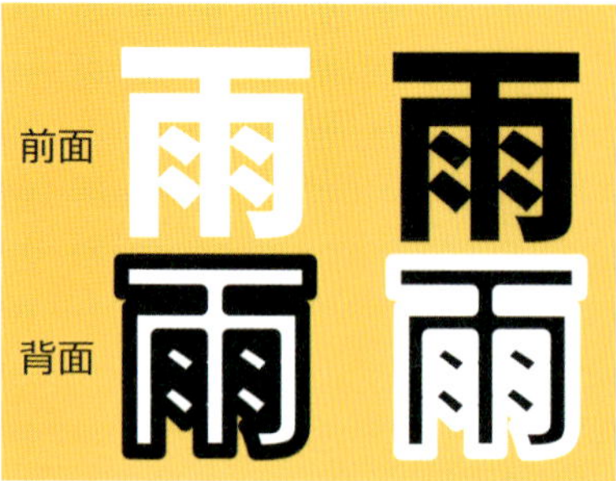

輪郭を設定する前にコピーし、設定後にペーストすればかんたんです。

その後は、[上下中央揃え]と[左右中央揃え]でぴったり重ねればOKです。

ずれないようにグループ化しておきます。

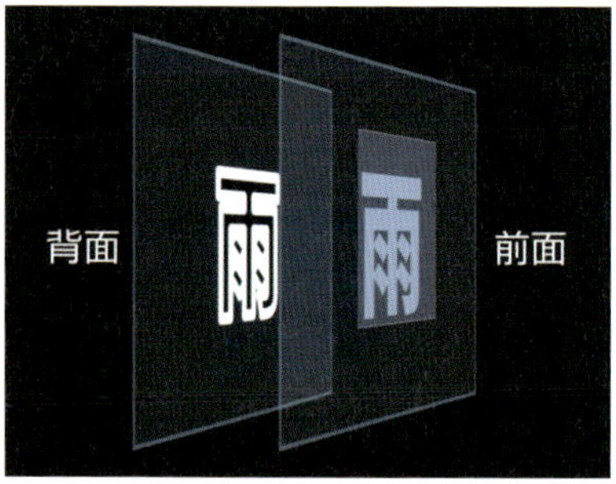

文字を分解するとこうなっています。上下でワンセットです。背面に輪郭を太く設定した文字が配置されています。

PowerPointの文字の効果にこの効果が追加されることを切に望んでいます。

上から順に、次の状態の文字です。

・何も設定していない通常の文字
・文字の輪郭
・光彩
・文字の輪郭+通常の文字

注目させるには

2枚のスライドを使って、注目させたいポイントを映画のようにフォーカスして見せるテクニックがあります。

まず、後ろ向きの人物写真を用意してください。

［図ツール］→［背景の削除］を使って人物の背景を切り抜いておきましょう。

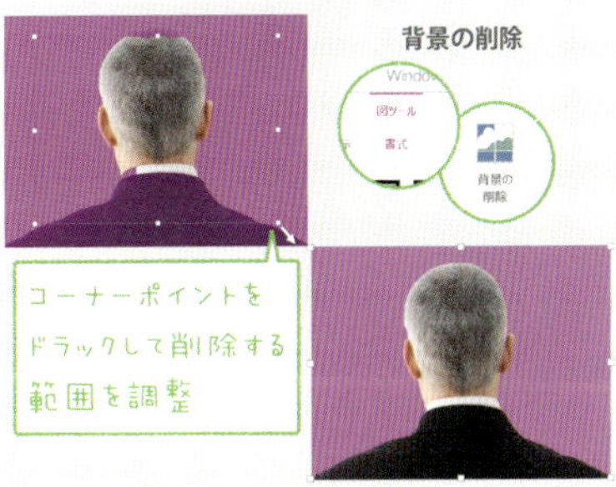

注目させたい商品や人物の写真などを用意します。テキストと組み合わせるような場合は、いったん画像として書き出したり、スクリーンショットで1枚の画像にしてください。

このような感じでレイアウトします。後ろ向きの人物のほうが前面になっているのがポイントです。

このスライドを複製して、スライド1とスライド2の2枚のスライドを準備します。

スライド1の奥の注目させたいほうの写真を選んで、[図ツール] → [アート効果] → [ぼかし] でぼかします。

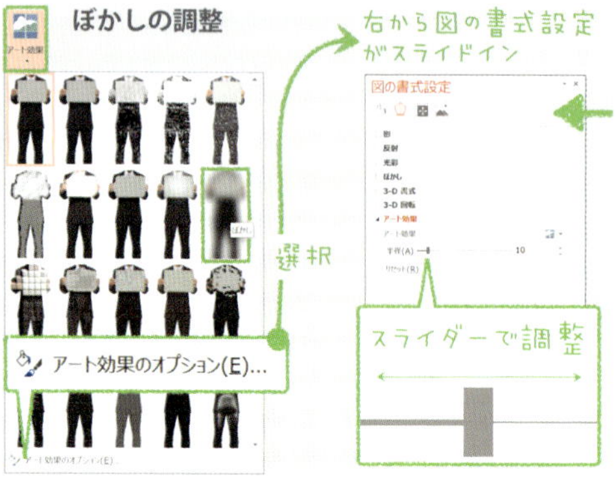

ぼかしが足りなかったり、多すぎた場合は [アート効果のオプション] を選択してください。

右側から [図の書式設定] メニューが現れるので、半径のスライダーで調整します。

スライド1はこんな感じになりました。

スライド2は手前の後ろ向きの人物を同じようにぼかします。

スライド2に［画面切り替え］を［フェード］で設定すれば完成です。

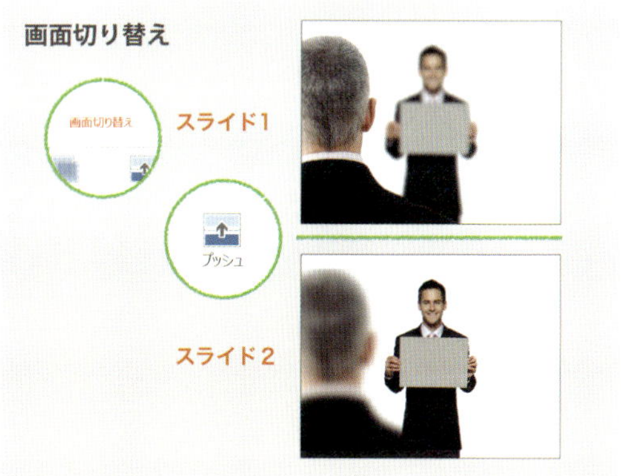

後ろの人物を別のものに変えるだけで、いろいろ応用できます。

ピクトグラムを作るには

PowerPointの最新のバージョンでは、付属の図形以外に自分でもオリジナルの図形が作れるようになりました。[描画ツール] の [図形の結合] を使い、ピクトグラムを作ってみましょう。

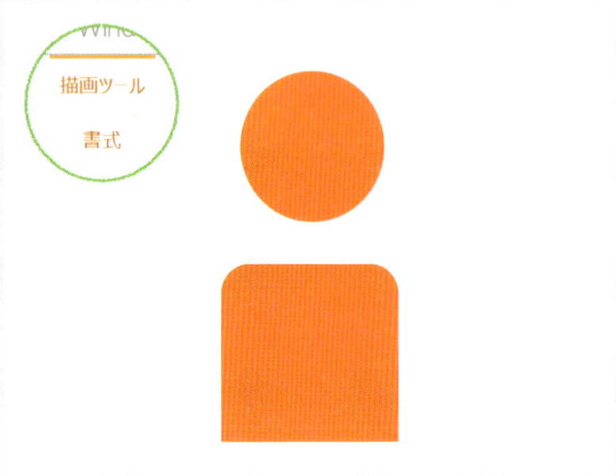

まず、図形から「円」と「片側の二辺の角を丸めた四角形」を描画します。

どちらかの図形を選択すると [描画ツール] のタブが表示されるので、あとはずっと [描画ツール] のタブで作業します。

ベースの形をつくります。「円」は人の頭となり「片側の二辺の角を丸めた四角形」が体と手足（以下ボディ）になります。図のような形に変形します。

「片側の二辺の角を丸めた四角形」を選択すると、図のような編集ポイントが表示されます。

向かって右上の黄色いポイントを選んで、左側（内側）に移動させます。

このような感じで、肩の部分を丸くします。ダースベーダーのようですね。

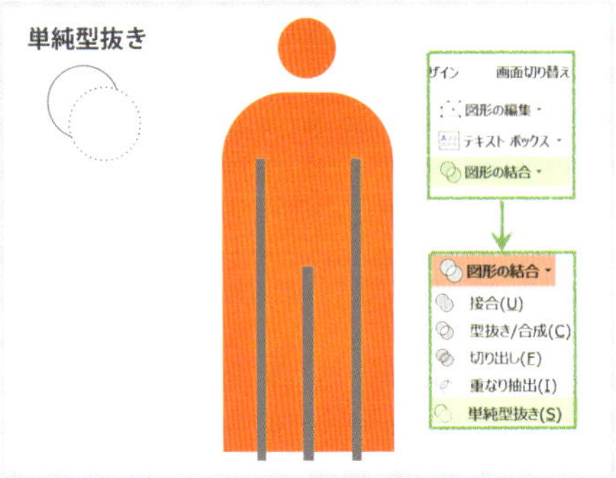

縦長の四角形を3つ描画して、図のように配置します。

そして、頭以外をすべて選択して、[図形の結合] → [単純型抜き] を選びます。

前面の図形で型抜きされ、図のようになります。風の谷のナウシカのロボット兵のような形になりました。

手が長すぎるので、短くしていきます。

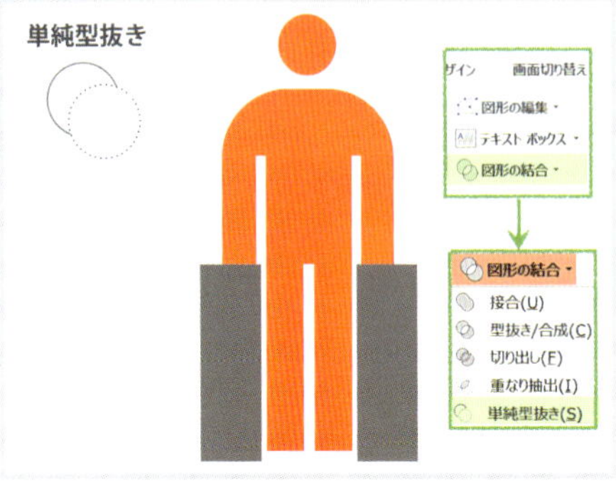

四角形2つを図のように配置します。

ポーターのピクトとして使えそうですが、ボディと四角形を選択して、先ほどと同じように [図形の結合] → [単純型抜き] を行います。

このままでもいいのですが、手足が寸胴のままでちょっとカッコ悪いので、手先の外側を内側に、足先の内側を外側に少しだけ移動させます。

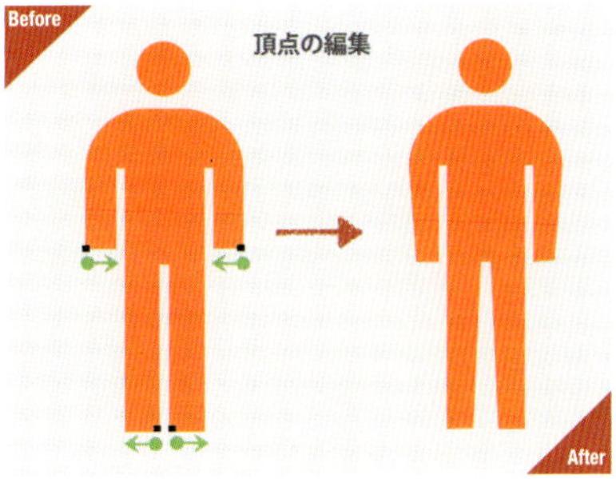

ボディを選択して、［描画ツール］→［図形の編集］→［頂点の編集］を選び､図のようにコーナーポイントを動かします。

足先も同じように編集します。

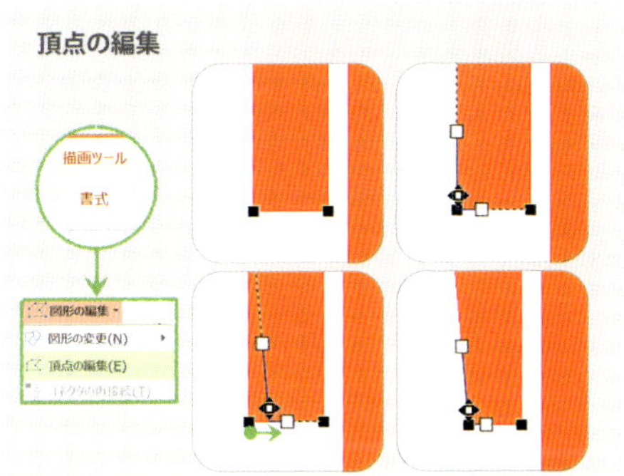

頭とボディを選択して、［配置］→［グループ化］で、グループ化しておきましょう。

これで完成です。

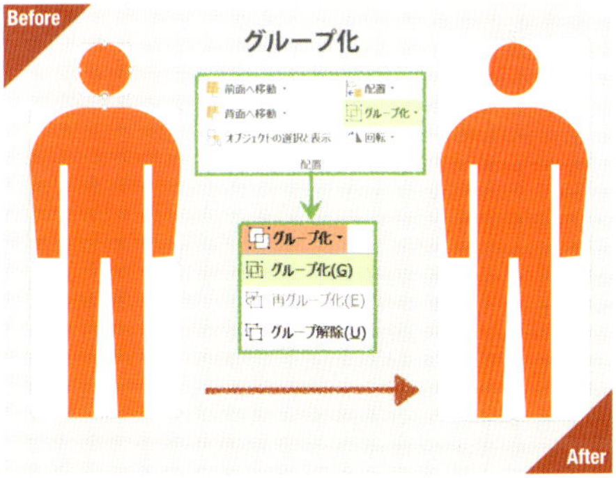

色も自由に変えられますし、拡大しても画像が綺麗なままなので、活用の幅が拡がります。

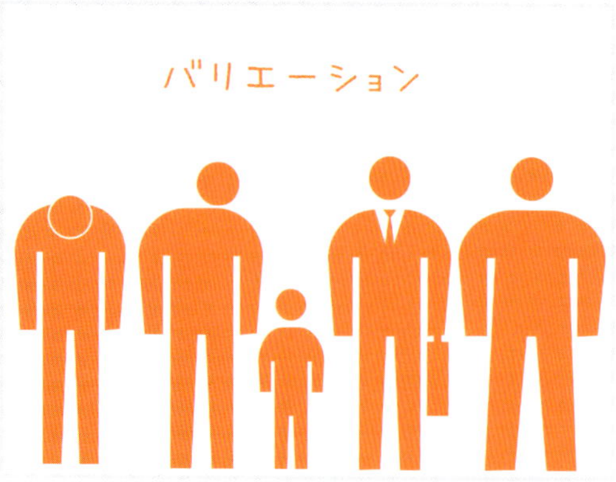

作例をベースに改造したバリエーションです。

スライドをつなげる（縦）

大きな写真を使ってつながりのあるスライドを作ってみましょう。

写真をつなげるには、スライド間で写真のつなぎ目をうまく合わせることが必要です。ここでは、ガイドになる図形をうまく活用します。

写真のように、スライド2枚分以上をカバーできる縦長の写真を用意します。パノラマ写真のような横長の写真でも、基本のやり方は同じです。

画面切り替えには、プッシュの［下から］を使います。スライド2が下からせり上がってくる感じになります。

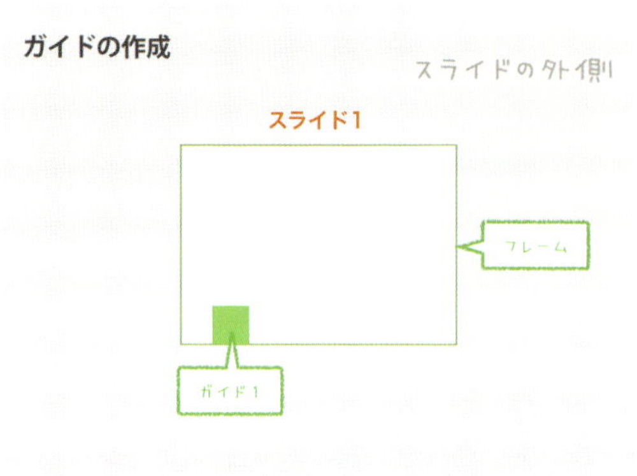

スライドと同じサイズの四角形の枠（以下、フレームと呼びます）を配置します。

次に、小さな四角形（以下、ガイド1と呼びます）をスライド1の底辺に設置するように配置します。カーソルキーで微調整してください。

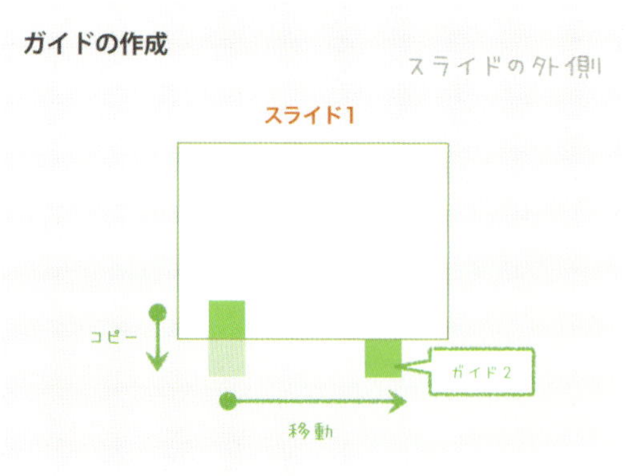

［表示］→［ズーム］か、右下のズームバーで、作業画面を縮小して、スライドの外側が表示されるようにします。

ガイド1を選択して、Shift＋Ctrlキーを押しながら下方向にドラッグして、ガイドをコピーします（以下、ガイド2と呼びます）。

今度は、上辺がスライド1の底面に設置するように調整します。そのままShiftキーを押しながら、右の適当な位置に移動させてください。

用意した写真をスライド1に配置します。写真の上辺をスライド1の上辺に合わせてください。

必要があれば、写真を拡大・縮小してサイズ調整します。

写真を［最背面に移動］します。

すべてを選択（写真＋フレーム＋ガイド1＋ガイド2）して［グループ化］しておくと、作業がしやすくなります。

写真の左右がスライドからはみ出している場合は、［図ツール］→［トリミング］でトリミングしておきましょう。

スライド1を複製して、スライド2をつくります。

スライド2の写真を移動します。グループ化された写真に対してShiftキーを押したまま、右のガイド2の上辺がスライド2の上辺に設置するまで、写真を移動します。

左がスライド1、右がスライド2です。

グループ化を解除して、フレーム、ガイドを削除します。

スライドからはみ出している部分をトリミングします。

スライド2にテキストを入力します。

そして、スライド2に［画面切り替え］→［プッシュ］→［下から］を設定すれば完成です。

ダイナミックコンテンツのパンでも、ほぼ同じ結果が得られます。

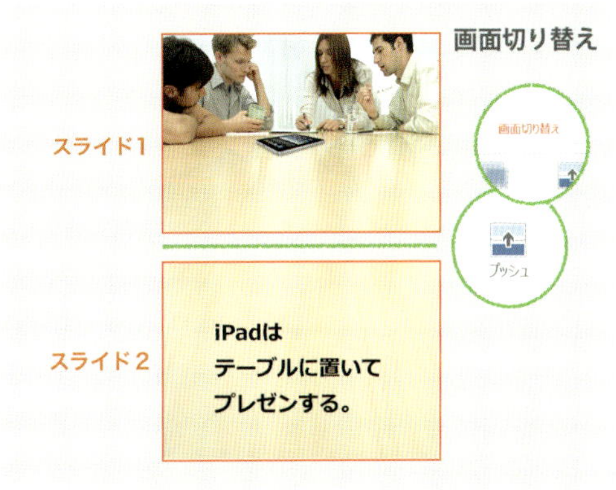

スライド1から

スライド2へと、シームレスにスライドがつながって見えるはずです。

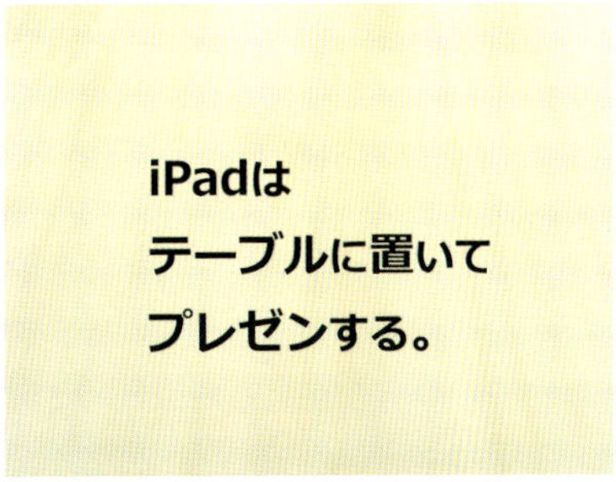

スライドをつなげる（横）

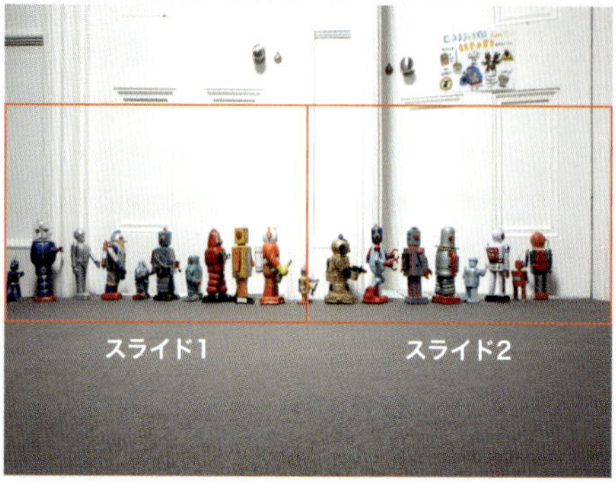

図のようなスライド2枚分の横長の写真を用意します。

画面切り替えには、キューブの［右から］を使います。画面が左回転して、スライド2が右から現れる感じになります。

ガイドの作成

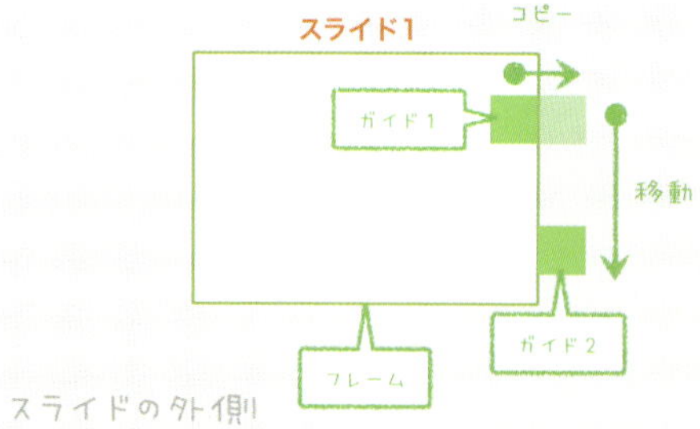

今回は、ガイド1の右辺をスライド1の右辺に設置するように配置します。

ガイド1を選択して、Shift＋Ctrlキーを押しながら右方向にドラッグして、ガイド2をつくります。

そして、ガイド2に対してShiftキーを押したまま、ガイド2を下のほうに移動させます。

用意した写真をスライド1に配置します。写真の左辺をスライド1の左辺に合わせてください。

必要があれば、写真を拡大・縮小してサイズ調整します。

この点線は実際は見えません

写真を［最背面に移動］します。

すべてを選択（写真＋フレーム＋ガイド1＋ガイド2）して、いったん［グループ化］しておくと、作業がしやすくなります。

写真の上下がスライドからはみ出している場合は、[図ツール]→[トリミング]でトリミングしておいてください。

スライド1を複製して、スライド2をつくります。

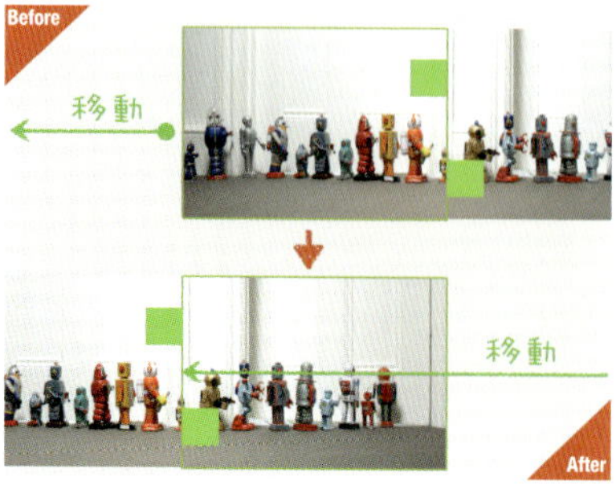

グループ化された写真に対してShiftキーを押したまま、右のガイド2の左辺がスライド2の左辺に設置するまで、写真を移動します。

上がスライド1、下がスライド2です。

グループ化を解除して、フレーム、ガイドを削除します。

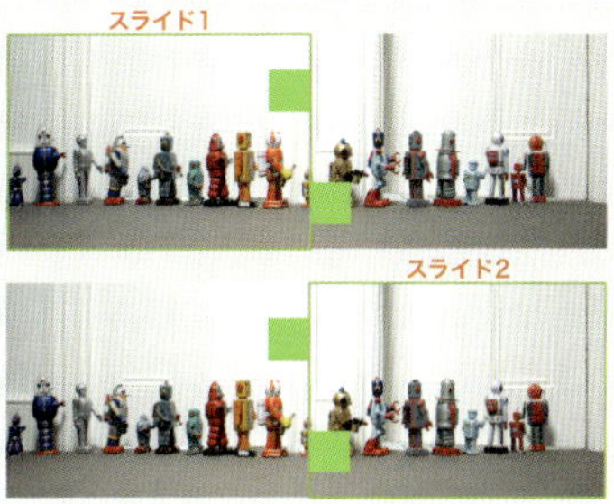

スライドからはみ出している部分をトリミングします。

スライド2に［画面切り替え］→［キューブ］→［右から］を設定すれば完成です。

スライド1から

スライド2へ

このような感じで、画面切り替えが行われます。

角の部分にロボットのおもちゃの写真が来ている点に注目してください。角の部分に何かが来るようにレイアウトするのが、うまく見せるコツです。つながりを見せるスライドは、スライド間のつなぎ目に物をまたがせると、より効果的に見えます。

きせかえピクトグラム

先につくったピクトグラムに次々と着せ替えをさせるスライドをつくります。

まず、ピクトグラムをつくった要領で、シャツやパンツ、帽子などを作ります。

シャツやパンツは、ボディ部分を［描画ツール］の［図形の結合］を使って改造してつくりました。

［表示］→［スライドマスター］でスライドマスターを開き、白紙のマスタースライドの真ん中にピクトグラムを配置して、図のようなマスタースライドをつくります。

その後、マスター表示を閉じておいてください。

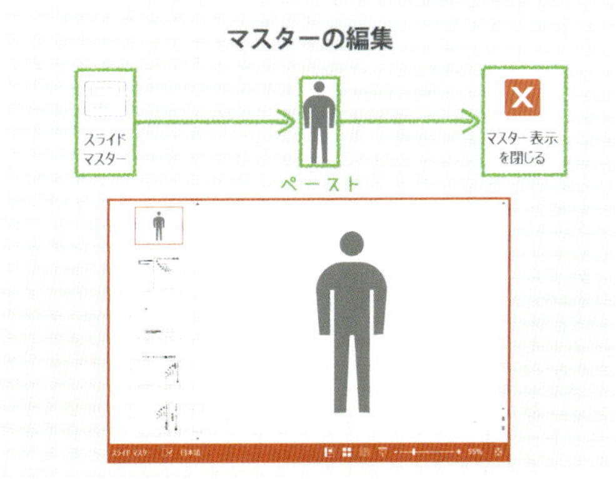

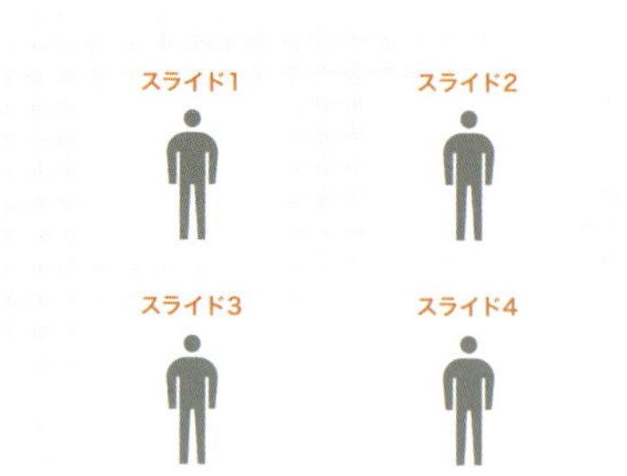

新しく作ったマスタースライドを、レイアウトの変更で設定します。スライドを複製して、4枚用意します。

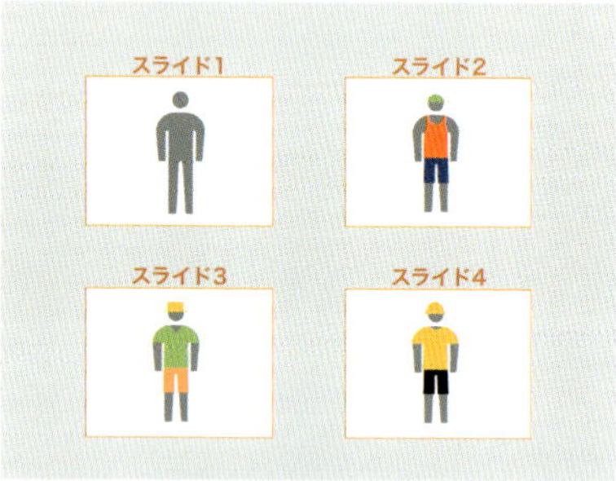

スライド1はそのままで使用します。

スライド2、3、4に、つくった帽子、シャツ、パンツを着せていきます。

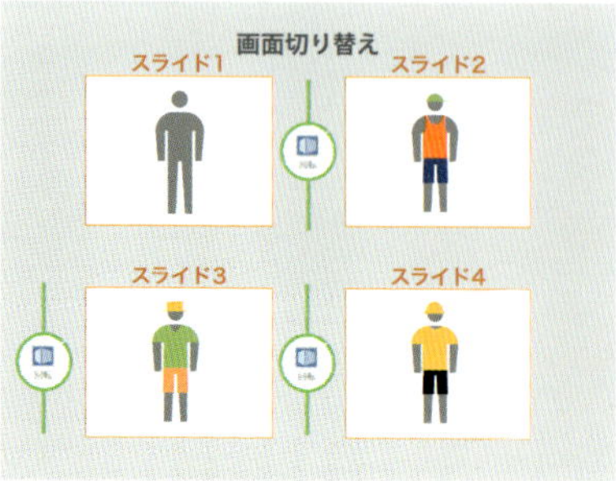

最後に、スライド2～4に、［画面切り替え］→［ダイナミックコンテンツ］→［回転］→［右から］を設定します。

洋服が右の奥のほうから回ってきて

グレーのピクトグラムに洋服を着せていきます。

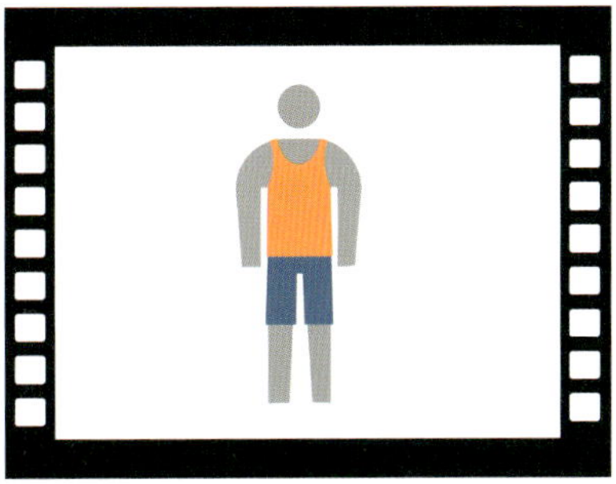

次々と着せ替えをしていきます。

写真でつくるのもおもしろいでしょう。カラーやデザインバリエーションを見せるなど、アイディア次第でいろいろ応用できます。

直感で覚えるPowerPointアニメーション
開始効果・終了効果

開始効果と終了効果は、移動・固定・変型で分類しておくと、何を使うか考えやすくなります。

移動

直線移動系　スライドイン・アウトは基本中の基本

開始効果／終了効果	効果のオプション	備考	PPT分類
スライドイン／ アウト	下 左 右 上 右下 右上 左下 左上	スライド外から内へ スライド内から外へ	ベーシック ★
フロートイン／ アウト	フロートダウン フロートアップ	フェードしながらスライドの途中から	控えめ
ピークイン／ アウト	下 左 右 上	オブジェクトの範囲でスライドイン。スライドの端からではなく途中からスライドイン･アウトさせたい時などに、背景が写真などの時は便利。	ベーシック
クレジット タイトル		映画のクレジット スライドイン+アウトでも同じことが可能	はなやか
ライズアップ／ シンク		2ステップの移動	控えめ

大きな動き系　インパクトはあるがあまり応用が効かない

開始効果／終了効果	効果のオプション	備考	PPT分類
リボルブ		右半円を描き下から上へ／ 上から下へ	控えめ
カーブ（上）／（下）		右半円を描きボールを投げる感じ／受ける感じ	はなやか
スパイラルイン／ アウト		螺旋を描くような動き	はなやか

バウンド		左上から右下へバウンド	はなやか ★
ブーメラン		ブーメランというより風に飛ばされる看板というイメージ	はなやか
フロート		右上から入ってイン／右上にアウト 2ステップの動き	はなやか ★

テキスト専用　インパクトがあるので使いどころはよく考えて

開始効果／終了効果	効果のオプション	備考	PPT分類
ドロップ	1つのオブジェクトとして すべて同時 段落別	コミカルな感じ	はなやか
フリップ	1つのオブジェクトとして すべて同時 段落別	ヒラヒラと舞い落ちる感じ	はなやか
ホイップ	1つのオブジェクトとして すべて同時 段落別	スピード感がある	はなやか

固定

出現・消失　通常は滅多に使わない

開始効果／終了効果	効果のオプション	備考	PPT分類
アピール／クリア		アニメーションの構成によっては必要になる上級者向け	ベーシック ★

フェード系　シンプルなので使い勝手が良い

開始効果／終了効果	効果のオプション	備考	PPT分類
フェード		じわ～という感じ、ほかのエフェクトと組みあわせることが多い	あざやか ★
ディゾルブイン／アウト		フェードに比べると粗い感じがある	ベーシック

ワイプ系　昔からあるスタンダード

開始効果／終了効果	効果のオプション	備考	PPT分類
ワイプ	下 左 右 上	フェードと並ぶスタンダード	ベーシック ★
ストリップ	左下 左上 右下 右上	ブロック状の模様	ベーシック
スプリット	ワイプイン（横） ワイプアウト（横） ワイプイン（縦） ワイプアウト（縦）	中心・両端からのワイプ	ベーシック ★
図形	サークル ひし形　イン ボックス　アウト プラス	図形の形でワイプする インとアウトがある	ベーシック

ホイール系　円グラフなど中心点があるものに向いている

開始効果／終了効果	効果のオプション	備考	PPT分類
ホイール	1スポーク 2スポーク 3スポーク 4スポーク 8スポーク	時計まわり	ベーシック ★
くさび形		両方から	ベーシック

ブラインド系　特に使う意味を見出せなければ、ワイプやフェードを使用したほうがいい

開始効果／終了効果	効果のオプション	備考	PPT分類
チェッカーボード	中心から（横） 縦		ベーシック
ブラインド	横 縦		ベーシック
ランダム ストライプ	横 縦		ベーシック ★

変形

回転系　動きが派手なのでここぞという時に

開始効果／終了効果	効果のオプション	備考	PPT分類
ターン		縦軸で3回転、 フェードがかかる	あざやか ★
ベーシックターン	横 縦	ターンとは違い フェードしない	はなやか
スピナー		1回転＋ズーム＋フェード	控えめ
グローとターン／ 縮小および回転		1/4回転＋ズーム＋フェード	控えめ ★
ピンウィール		2回転＋ズーム＋フェード	はなやか

ズーム系　インパクトを出す時や立体感を出す時に使用、タイトルにもよく使われる

開始効果／終了効果	効果のオプション	備考	PPT分類
ズーム	オブジェクトの中央 スライドの中央	開始はイン、終了はアウトのみ	あざやか ★
ベーシックズーム	イン イン（中心） イン（少し） アウト アウト（中心） アウト（少し）		控えめ

伸縮系　インとアウトを連続して使うと効果的、テキストに向いている

開始効果／終了効果	効果のオプション	備考	PPT分類
エクスパンド／ コントラクト		フェードしながら伸びてイン、縮んでアウト	あざやか
コンプレス／ゴム		横長から縮んでイン、通常から横に伸びてアウト	控えめ
ストレッチ／ コラプス	中心 下 左 右	通常の状態から伸びてイン、縮んでアウト。ストレッチ（下）をテキストに使うとタイトルクレジットで使われる起こし文字になる	控えめ

強調効果

強調効果は、ほとんどが固定タイプなので、次のように4つに分類しています。

アクション系

強調効果	効果のオプション		備考	PPT分類
拡大／縮小	最小 小 大 最大	横方向 縦方向 両方向	数値での設定も可能	ベーシック★
スピン	1/4回転 1/2回転 1回転 2回転	時計まわり 反時計まわり		ベーシック ★
シーソー			左右にゆらゆら	控えめ ★

点滅系

強調効果	効果のオプション	備考	PPT分類
パルス		少し拡大して戻る	あざやか ★
カラーパルス	色の指定	色が変わって元に戻る （デフォルトは白）	控えめ ★
ブリンク		繰り返しを設定すると 点滅する	はなやか

カラーの変更

強調効果	効果のオプション	備考	PPT分類
塗りつぶしの色	色の指定	指定色に徐々に変化、スタイルの 変更で変化のパターンを変更可	ベーシック ★
線の色	色の指定	指定色に徐々に変化、スタイルの 変更で変化のパターンを変更可	ベーシック ★

- PowerPoint 2013でのアニメーションであり、ほかのバージョンやMac版では多少違いがあります。
- [テキスト]にアニメーションを適用する場合は、効果のオプションとして[連続]のオプションがありますが、P.181の[テキスト専用]以外には表記していません。
- PPT分類とは、PowerPointでの分類で、★印はリボンメニューに表示されるものです。
- アニメーション[軌跡]は除いています。

透過性	25% 50% 75% 100%	透過量は数値での設定も可能 段階的に透過するわけではないので注意 継続時間がデフォルトではスライドの最後までになるので注意	ベーシック ★
捕色		色相環が時計まわりに 120度回転	あざやか ★
捕色2		色相環が時計まわりに 240度回転	あざやか
カラーコントラスト		色相環が時計まわりに 180度回転	あざやか
暗く		色が暗くなる	あざやか ★
薄く		色が薄くなる	あざやか ★
明るく		色が明るくなる	あざやか ★
オブジェクトカラー	色の指定	指定色に変化	あざやか ★

テキスト専用

強調効果	効果のオプション	備考	PPT分類
カラーで拡大	色の指定	指定色に文字が拡大	控えめ
シマー		右上に押されるように動き、元に戻る	控えめ
ウェーブ		文字が波打つように動く	はなやか ★
フォントの色	色の指定	指定色に徐々に変化、スタイルの変更で変化のパターンを変更可	ベーシック ★
ボールドフラッシュ		太字に一瞬変化して元に戻る	あざやか ★
太字表示		太字に変化	はなやか ★
ブラシの色	色の指定	1文字ずつ指定色に変化	あざやか ★
下線		下線が引かれる	あざやか ★

共通点確認シート

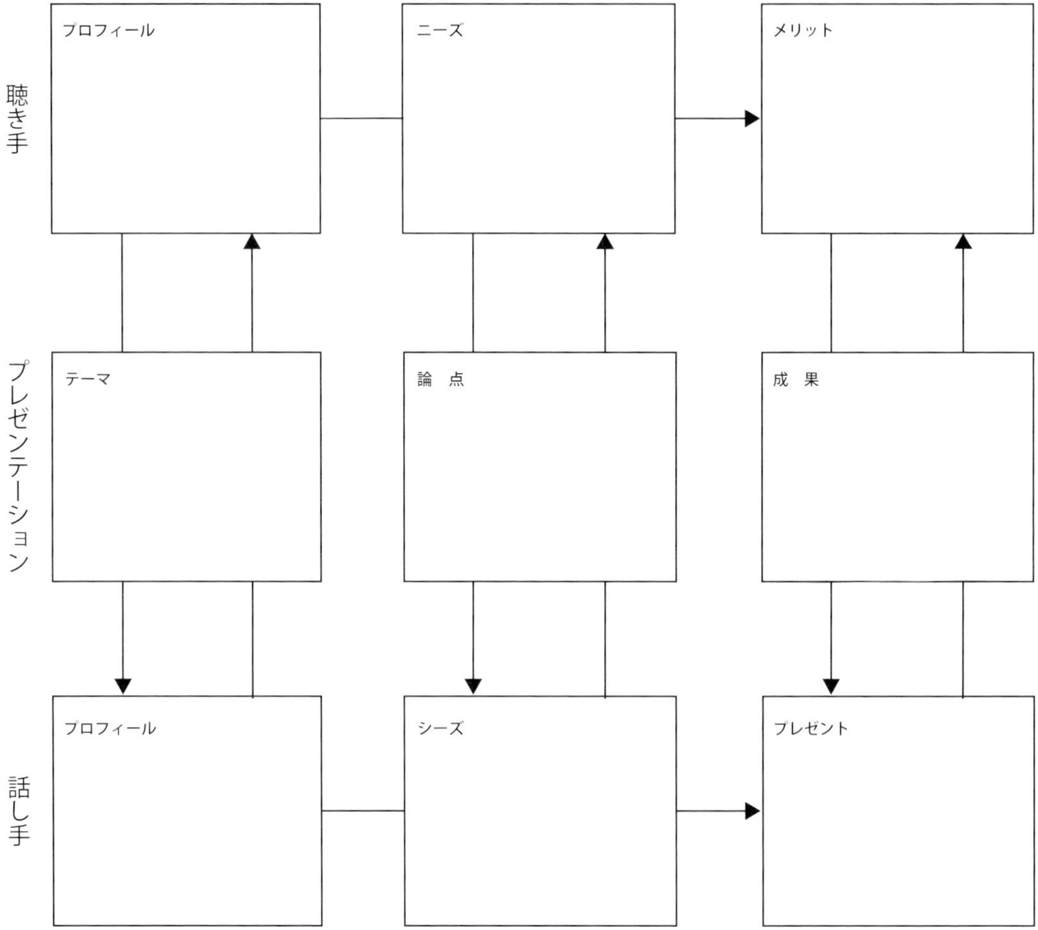

聴き手
プロフィール
ニーズ
メリット
プレゼンテーション
テーマ
論　点
成　果
話し手
プロフィール
シーズ
プレゼント

プレゼンテーションの構造作成シート

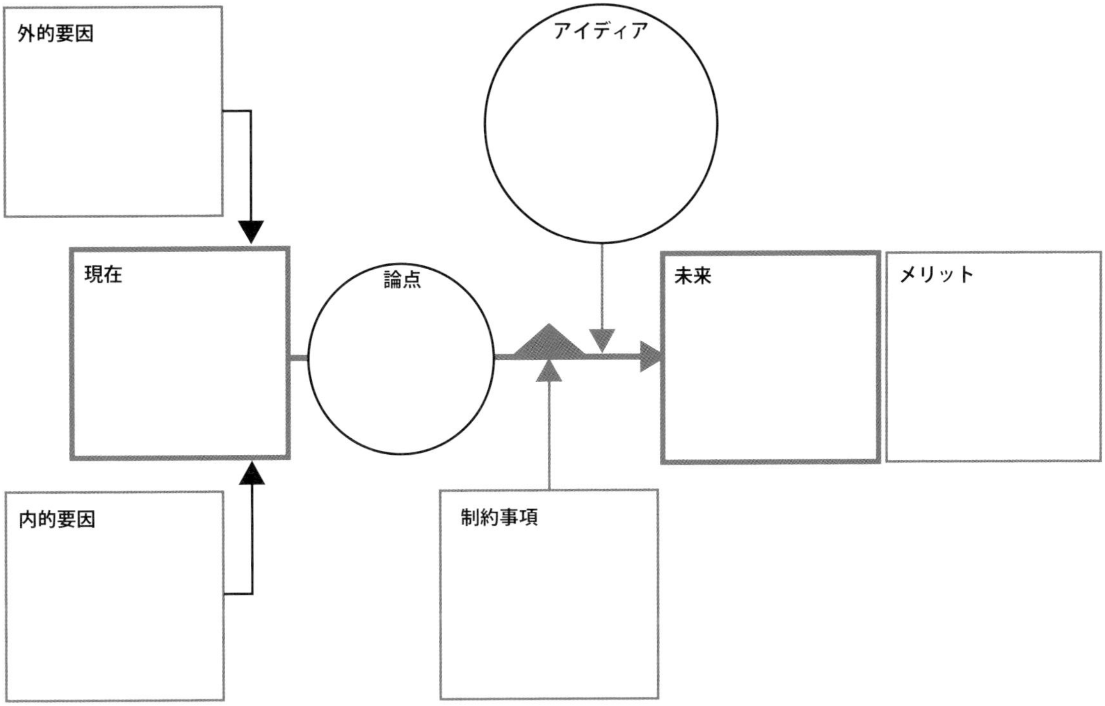

おわりに

1日や2日ほど研修で学んだり、本を読んだだけでは、プレゼンテーションの上達は見込めません。ノウハウやコツを学んでも、それは知識にすぎないからです。「少しは上達した」と感じても、現場に戻ってみるとなかなかうまくいかないことが多い。たとえば、未体験のことに遭遇するとパニックになってしまったりします。人は体験したことしか本当には身に付かないのです。スポーツや楽器や料理が1日や2日で急には上達しないのと同じです。

練習は、時間の許す限り、繰り返し行ってください。それでも失敗することがあります。でも、それはプレゼンの達人とか名人と言われる人でも同じです。プレゼンテーションが上達したいのなら、たくさんのプレゼンを経験してください。機会は自分で意識して作っていきましょう。それらのプレゼンテーションの成功体験と失敗体験が、あなたの自信の源となります。

プレゼンテーションはコミュニケーション技法の1つと言われます。それは、「同じテーマでも、相手や環境が変われば、プレゼンテーションも変わる」ということです。本番の数こそ上達への道です。

最後にもう1つ、忘れてはいけない大切なことをお話しておきます。

聴き手の感情を動かすには、プレゼンター自身がプレゼンを楽しむことです。プレゼンターが楽しんでいなければ、聴き手に“たのしさ”は伝わりません。「この商品はあまり良くない」と思っている営業マンが営業しても商品が売れないのと同じこと。自分の提案が聴き手に喜んでもらえるのは、とても楽しいことです。

本書は「みなさんにもっとプレゼンテーションを楽しんでもらいたい！」という想いで書きました。ミッションは世の中から退屈なプレゼンテーションをなくすこと。聴き手もプレゼンター自身も楽しめるプレゼンテーションを目指しましょう。プレゼンテーションを楽しんでください。

参考書籍

ビジュアル・コミュニケーション　―効果的な視覚プレゼンの技法
（R.E.ワイルマン・井上智義・北神慎司・藤田哲也 著／北大路書房 刊）

図解発想法　―知的ダイアグラムの技術
（西岡文彦 著／ JICC 出版局 刊）

キャッチコピーの表現別グラフィックス
（パイインターナショナル 刊）

視覚デザイン
（南雲治嘉 著／ワークスコーポレーション 刊）

MIND HACKS　―実験で知る脳と心のシステム
（Tom Stafford・Matt Webb 著／夏目大 訳／オライリー・ジャパン 刊）

ブレイン・ルール　―脳の力を100%活用する
（ジョン・メディナ 著／小野木明恵 訳／ NHK 出版 刊）

もうひとつのプレゼン　―選ぶ側の論理
（野口恭平 著／インプレスコミュニケーションズ 刊）

参考番組

NHK サイエンス ZERO「コミュニケーションの根源に迫る ～自閉症スペクトラム最新研究～」2013.8.4

NHK 地球ドラマチック「赤ちゃんのヒミツ　～驚くべき生命力～」2015.3.29

放送大学 講座「錯視の科学」「認知心理学」

イメージクレジット

Think Stock（P.3, P.9, P.10, P.18, P.19, P.24, P.25, P.29 上 , P.31, P.35 右上・左下・右下, P.38, P.39, P.41, P.47, P.48 右 , P.54-57, P.60, P.62, P.63, P.65-67, P.69, P.70, P.72, P.83, P.86, P.89, P.91, P.92, P.97, P.98, P.101 下, P.102-105, P.107 上段･中段左･下段、P.108-116, P.120, P.124, P.128, P.129, P.133, P.134, P.136, P.138, P.140, P.142, P.159-P.162, P.172-P.176）

Office.com（P.22, P.35左上 , P.48左 , P107中段右, P.119, P.137, P.156-157, P.159-P.162, P.167-P.171）

iStock photo（P.42-46, P.76, P.82）

文の里商店街（P.26）

北斎漫画（P.29 下）

名古屋太郎（P.37, P.40）

株式会社タカラトミー（P.94） リカちゃん、バウリンガル

引用

P.23　Sugar Stacks

P.32　チェッカーシャドー錯視（Adelson）

P.104　「未来を予測する最良の方法はそれを発明すること」（Alan Key）

P.143　"Designing a presentation without an audience in mind is like writing a love letter 'to whom it may concern…" (Ken Hammer, AT&T)

商標

望月正吾（もちづき しょうご）

PreZenDou LLC. 代表。

玩具メーカータカラ（現タカラトミー）にて、きせかえ人形リカちゃん、新規事業部（バウリンガル）など、マーケティング部門を担当。タカラトミー合併後は、映像配信ベンチャーCOO、ゲーム会社を経て 2011 年プレゼンテーションの専門会社 PreZenDou LLC. を設立。プレゼンテーション研修、制作、コンペ、個人指導と業務コンサルを行っている。

専門はプレゼンテーション&コンセプトメイキング。コミュニケーション戦略、新規事業プランニング、商品&サービス企画が得意分野。

プレゼンツールは PowerPoint、Keynote、Prezi のすべてを扱う。認知心理学、脳科学に興味を持っており、プレゼンテーションに応用している。

【HP】www.prezendou.tokyo
【Facebook】https://www.facebook.com/shogo.mochizuki
【Facebook ページ】
　プレゼンドウ　https://www.facebook.com/PreZenDou
　Keynote Presentation　https://www.facebook.com/Keynotecom
　妖怪図鑑 プレゼン百鬼夜行　https://www.facebook.com/PreZenYoKai
　ピクトグラム・ラボ　https://www.facebook.com/PictogramLab
【Prezi】http://prezi.com/user/ctr3uqsgpw3j/
【YouTube】Presentation_TV　https://www.youtube.com/user/prezendouDX

カバーデザイン　萩原弦一郎＋橋本雪（デジカル）
カバー写真　Shinya Sasaki/MottoPet ／ amanaimages
本文デザイン・DTP　玉造能之＋梶川元貴（デジカル）
編集　傳 智之

お問い合わせについて

本書に関するご質問は、FAX か書面でお願いいたします。
電話での直接のお問い合わせにはお答えできません。あらかじめご了承ください。
下記の Web サイトでも質問用フォームを用意しておりますので、ご利用ください。
ご質問の際には以下を明記してください。

・書籍名
・該当ページ
・返信先（メールアドレス）

ご質問の際に記載いただいた個人情報は質問の返答以外の目的には使用いたしません。
お送りいただいたご質問には、できる限り迅速にお答えするよう努力しておりますが、お時間をいただくこともございます。
なお、ご質問は本書に記載されている内容に関するもののみとさせていただきます。

問い合わせ先

〒162-0846
東京都新宿区市谷左内町 21-13
株式会社技術評論社　書籍編集部
「直感に刺さるプレゼンテーション」係
FAX：03-3513-6183
Web：http://gihyo.jp/book/2015/978-4-7741-7424-2

直感《ちょっかん》に刺《さ》さるプレゼンテーション

2015 年 7 月 25 日　初版　第 1 刷発行

著　者 望月《もちづき》正《しょう》吾《ご》

発行者 片岡巌

発行所 株式会社技術評論社
東京都新宿区市谷左内町 21-13
電話 03-3513-6150　販売促進部
03-3513-6166　書籍編集部

印刷・製本　図書印刷株式会社

定価はカバーに表示してあります。

造本には細心の注意を払っておりますが、万一、乱丁（ページの乱れ）や落丁（ページの抜け）がございましたら、
小社販売促進部までお送りください。送料小社負担にてお取り替えいたします。

ISBN978-4-7741-7424-2　C3055

Printed in Japan